汉语知识丛书

声　调

高永安

图书在版编目(CIP)数据

声调/高永安著. —北京:商务印书馆,2014(2022.9重印)
(汉语知识丛书)
ISBN 978-7-100-10546-0

Ⅰ.①声… Ⅱ.①高… Ⅲ.①汉语—声调
Ⅳ.①H11-53

中国版本图书馆CIP数据核字(2014)第007137号

汉语知识丛书
SHĒNGDIÀO
声　调
高永安

商务印书馆出版
(北京王府井大街36号　邮政编码100710)
商务印书馆发行
北京虎彩文化传播有限公司印刷
ISBN 978-7-100-10546-0

2014年9月第1版　开本787×1092　1/32
2022年9月北京第2次印刷　印张7⅛
定价:49.00元

目　　录

第一章　声调的基础知识

1.1　声调的性质

汉语语音除了有声母、韵母之外，还有声调，这对于以汉语为母语的读者来说是天经地义的事，可是对于一些操无声调语言的人来说，并不那么容易理解，也不容易掌握。

1.1.1　声调的概念

声调是利用语音的高低、升降，或长短①来区别词汇意义或语法意义的语音单位。

（一）语音的高低。单纯利用语音高低来相互区别声调的汉语方言就不止一个。下表列出的几个方言，都具有不同调高对立的平调：

表1—1：有平调对立的汉语方言②

	阴平	阳平	阴上	阳上	阴去	阳去	阴入	阳入
温州话	44					22	323	212
长沙话	33				55			
双峰话	55					33		
梅县话	44	11						
广州话	55				33	22		

续表

厦门话	55				11	33		
潮州话	33	55				11		
建瓯话					22	44		

表中声调都是平调，只是高低不同，就形成了对立。

（二）声调的升降也可以区别词形。例如，北京话有四个声调，只有一个是平调，其余的都是有升降的调。大连话也有四个声调，没有平调，全部是有升降的调。

表 1—2：北京话、大连话声调③

	阴平	阳平	上声	去声
北京话	55	35	214	51
大连话	312	35	213	53

可以看到，表中的两种方言除了一个平调外，其余的都是有升降的声调。升降的高低和形式多样。

（三）声调的长短也有区别作用。一般来说，弯曲比较大的声调的时长可能更长一些，但是这还不是关键。比如，北京话的上声“214”，比阳平“35”要长。但是这两个声调的区别主要不是依靠音长，而是依靠音高和调型。声调长短可以起区别作用的典型的代表，是舒声和入声。在古代，和现代有入声的方言，入声的发音要短促得多，所以，即便其调型跟其他声调一样，也可以保持区别。例如，赣语南昌话阳去调是“21”，阳入调是“21”，两个声调音高和调型都是一样的，只是阳入调发音要短一些。粤语阳江话有九个声调，更是有四对调型和音高相同，只保持音长对立的声调：

阳平“43”/下阳入“$\underline{43}$”，

上声“21”/下阴入“$\underline{21}$”，

阴去“24”/上阴入“$\underline{24}$”，

阳去“54”/上阳入“$\underline{54}$”。

这四对声调只通过长短相互区别。

当然，正如并不是所有语言都有声调，也不是所有有声调的语言都有声调的长短，但是声调确有长短这么一种手段来互相区别。

1.1.2 声调有与元音、辅音同样的语音地位

（一）语音的音质部分是由元音和辅音组成的。在汉语中，辅音充当声母和部分韵尾，元音则充当韵母的韵头、韵腹和部分韵尾。例如：

方（fāng）、带（dài）、昂（áng）、要（yào）、为（wéi）、以（yǐ）、忙（máng）

上面这些字（音节）中，占据发音时间的，都是声母、韵母（由元音、辅音组成），而声调不另外占用时间，它只是声韵母的发音伴随因素。如果去掉这些声调，剩下的声韵母还是可以存在的，但是相反，如果去掉声韵母，声调就不能独立存在了。这么看来，声调是依赖于声韵母而存在的。换句话说，是这些声母、韵母承载着声调，声调才可能实现。人们把承载声调的音质音段称为声调负载单位（TBU，Tone Bearing Unit）。

（二）表面上看，声调依存于声韵母而存在，似乎是等而次之的语音单位，但是对于汉语来说，它却是声、韵、调三要素

中的一个平等的成员，其地位并不比声母、韵母低。

首先，声调与声韵母一样，如果改换，就会改变词形。比如，“方(fāng)”，改变声母可以变成“帮(bāng)”“当(dāng)”“康(kāng)”，改变韵母可以变成“帆(fān)”“风(fēng)”“发(fā)”，同样，改变声调可以变成“房(fáng)”“访(fǎng)”“放(fàng)”。

其次，声调是附着于音节之上的，任何音节都有声调；而声母却可以没有，比如零声母“安(ān)”；韵母在普通话中不能失去，但是在一些方言中，却可以失去韵母，形成声化韵，例如，苏州话的“你(n̩)”“鱼(ŋ̍)”。可见，在汉语中声母、韵母都是可以缺少的，但是，如果轻声也是声调的特例的话，声调是不可缺少的。

再次，单位声调负载的信息量比声韵母要大。因为汉语声母有 21 个，韵母有 39 个，组成的音节有 1000 多个，这样每个具体的声母，或者韵母，承载的负担就是几十分之一。但是声调只有几个，北京话和大部分北方方言有四个声调，南方话声调多一些，也一般不超过十个，每个声调承载的负担就大多了。

这么说，声调比声母、韵母还重要。

1.1.3 声调由语音的频率决定

(一)人的语音发出之后，在空气中传播，才能被听到。传播时空气粒子振动形成声波。声波的振动有快慢之别，于是传播的声音就有高低的不同。声波振动的快慢叫作频率。频率高，声音就高；频率低，声音就低。女人说话的声音一般比男人高，因为女人声音的频率可以高达 400 赫兹左右，而男人的声音则一般只在 80—200 赫兹之间。

同一个人的声音也可以有不同频率，这是因为"声调由音调的高低变化来表现。声带的颤动受到控制而有快慢，使音调或高或低。一个人在自然状态的语言中，音调起伏的范围大致是稳定的。"[4]也就是说，一个人的声音高低在一个特定的范围内，并且可以在这个范围内随时变化。正因为人可以调节自己声音的高低变化，才可以用音高来表达意义。频率决定了声音的高低，就形成了高低不等的声调。那么，声调的升降变化当然就是由频率的变化形成的。"构成声调的生理条件主要由声带颤动产生的频率。声调的高低变化就是声带颤动频率的变化。"[5]

（二）声调除了高低、升降之外，还有长短，在某种特定情况下，还有强弱的变化。"在一种语言（特别是声调语言，如汉语）中所感到的不同声调，除频率的变化是主要条件外，还有其他因素如强弱、长短及音色变化等。"[6]音长是声音持续的时间决定的，音强是声波振动的幅度决定的，音色是发音共鸣器官的形状决定的。汉语的轻声字，如"妈妈（māma）"的第二个音节"ma"，在发音时比第一个要弱一些、短一些，元音也有一点儿央化，从"[a]"变成了"[ɐ]"。但是，总的来说，依靠改变音长来区别的声调比较容易辨识，依靠弱化来区别的声调都有其他条件（比如，轻声），依靠音色来区别的声调，都是跟其他条件相伴随的。

1.1.4 汉语声调的单位

（一）声调要附着在一个音节上才可以实现，所以，汉语声调的最自然的单位就是音节。传统音韵学一般把一个音节分为声、韵、调三个部分。声、韵是音质音段，前后形成线性组合；声调则在这个音段之上，与之并行。所以，声调的长度跟声、韵的长度一致。前代学者把一个汉语的音节更细地分析为头、颈、腹、尾、神五个部分⑦，分别指声母、介音、韵腹、韵尾、声调。可见他们也认为声调与声、韵各部分地位相同，而声调的长度相当于声、韵各部分总和。

王洪君（1999，233）认为“调型”是“最小的、有区别意义作用的音高曲线”。实际上这个最小单位也是一个音节的长度。

（二）但是，现代语音学发展起来以后，人们开始不满足于音节作为声调的单位，而试图发现小于音节的声调承载单位。

我国古代在处理反切这种注音法时，就似乎给出了一种看法：反切是用两个汉字为另外一个汉字注音的方法。比如，要给“冬”这个字注音，就取用“都”“宗”这两个字相拼合，取“都”的声母“d”，取“宗”的韵母和声调“ōng”，拼出来就是“dōng”。

冬，都宗切。

dōng ← dū ＋ zōng

古人在这里是把声调跟韵母放在一起的。虽然没有明说，但是也提示声调是属于韵母的。赵元任认为声调是否覆盖整个音节要看这个音节的声母是不是浊声母。他说：“要是声母是浊音，声调就从声母起头，延伸到整个音节。声母假如是清音，声调就只在韵母上了。”[8]例如，古汉语“田[diān]”的声调贯穿整个音节，但是“天[t^hiān]”的声调则要撇去音节开头的“t^h”。但是这个问题并没有解决，到了20世纪90年代，又有人做了实验，认为“北京话单说的声调信息主要由主要元音及其过渡携带”[9]。这样一来，不仅清声母不承载声调，就是浊声母、辅音韵尾，甚至介音，都不承载声调了。以上研究大致认为，声调的主要因素是音高，音节中负担音高的主要是浊辅音和元音。但是有人提出，人们在耳语的时候，如果压低声音，不发出元音，只用清辅音，也能达成交际，是不是清音也可以承载声调呢？现在这个问题还没有一致的意见，这样，给确定声调的单位带来了困难。

（三）近来有人提出调素的概念。瞿霭堂（1985）说：“调素即小于音节的节律特征单位。”[10]这个单位有三个特征：一是长度上小于音节，二是受外部因素制约，三是与外部因素关联。瞿霭堂说的外部因素主要指声韵母、前后音节、语音系统。林华（1998）从音高、音长两个角度也提出“调素”的概念。[11]在音高方面，有高、中、低三个等级；音长上，每个调素的长度相当于一个音节长度的三分之一。

（四）语音学上把一个轻音的长度叫作一个音子（Mora），又叫莫拉、摩拉。那么一个重音的长度就是两个音子。自主音段音系学认为声调的最小长度单位是音子（摩拉）。汉语的轻声音节是单音子，正常音节是双音子，全升、全降、曲折调则是三个音子。[12]正常音节的节律一般以双音子比较自然，所以，三音子的音只是单说时候或者在句子末尾时候是完全的三个音子，但是一旦进入使用，就会产生变调，成为双音子音节。普通话的上声字在非句尾，或者非单说时候，都不读214，而要变调，读35或21。比如，“起”字：

起（qi^{214}）——单说，三音子音节。

起（qi^{35}）早——在上声字前，双音子音节。

起（qi^{21}）来——在非上声字前，双音子音节。

1.1.5 声调符号

（一）调型标调法

汉语声调的表达有很多不同的方式，现在最常用的表达方式是汉语拼音方案的声调符号：阴平“ˉ”、阳平“ˊ”、上声“ˇ”、去声“ˋ”。如：

妈 mā、麻 má、马 mǎ、骂 mà。

声调符号只标在一个音节的主要元音上。如果一个音节里有两个或三个元音，就按 a、e、i、o、u 的顺序，标在顺序靠前的元音字母上边，但介音除外。如：gāo、ēi、qiè、ōu、guō、qiáo。

（二）数字标调法

次常用的是五度标调法的数字标调方式。五度标调法把调高分为五度，用从1到5的数字标在汉字或拼音的右上角，表示声调的高低和变化。如，普通话的四声分别是：阴平^{55}、阳平^{35}、上声^{214}、去声^{51}。例如，“周末不上班”，标出来是这样：

$zhou^{55}$ mo^{51} bu^{51} $shang^{51}$ ban^{55}。

有时候会看到有上下两排数字，比如 bu^{51}_{35}，上边的数字还是表示原来的声调，下边的数字表示在连读时候的变调。关于连读变调，参看本书1.2.6和3.2.3两部分。

（三）坐标符号法

坐标符号法是五度标调法的图形方式。它用一个坐标竖线和调型曲线组成一个声调形式，来表达声调。例如，普通话的四声分别是：阴平˥、阳平˧˥、上声˨˩˦、去声˥˩。坐标法也可以表示变调，就是把竖线从右边移动到左边就可以了。比如，˥˩꜔꜒，意思是原调是˥˩，变调是꜔꜒。

（四）四角标调法

古人把这种方法叫作点发或者发圈。是标注在汉字上的声调符号，而前述三种标调法都是标在拼音上的。现在一些对外汉语教材也把调形符号标注在汉字上，便于训练。

我国传统音韵学把古代汉语声调分为平、上、去、入，叫四声。每个声调内又因声母的清浊分了阴阳两类。这样就有阴平、阳平、阴上、阳上、阴去、阳去、阴入、阳入。传统上在汉字的四角，用半圆形符号表示四声，阴调符号就是半圆，阳调符号就在半圆下边加一条短横线。四声按标调的位置来区别，左下角是平声，左上角是上声，右上角是去声，右下角是入声。

下面按古汉语的调类标调如下：

阴平——꜀高꜀天꜀声꜀乡

阳平——꜁原꜁来꜁如꜁时

阴上——꜂手꜂管꜂款꜂晚

阳上——꜃舅꜃道꜃赵꜃皂

阴去——到꜄抱꜄最꜄碎꜄

阳去——盗꜅会꜅跪꜅队꜅

阴入——黑꜆给꜆北꜆百꜆

阳入——贼꜇白꜇局꜇巨꜇

这种标调法只标明调类，不能标明调值。但是，由于汉语各地方言的声调调类基本一致，所以这种标调法的好处是，可以标不同地区的声调。比如，如上的例字是古代汉语的声调，但在很多地区还是可以使用的。现代北京话平声分阴阳，上、去声不分阴阳，但大类是一样的；只有入声不同。在有入声的方言里，有可能四声都一致；尤其是在入声分阴阳的方言里，就跟上面的标调基本对应上了。

(五)音高标调法

音系学用语音特征来描写声调。有人用七种不同的特征来使各声调相互区别，这七种特征是：拱度、高、央、中、升、降、凸。[13]其中的拱度、央、升、降、凸，是采用不同的标准分离出来的，但是音高则是一个向度的，所以，采用高、中、低三个特征，结合调型来标写声调，会对声调的描写更准确些。后来很多人对声调特征做了减缩和调整。例如，林华(1998,1)的调素说就是在这个背景下提出来的。她用 H、M、L 分别表示高、中、低。每个声调由三个调素组成，则普通话的声调可以表示如下：

阴平：55　HHH

阳平：35　MHH

上声：214　LLH

去声：51　HML

有人认为汉语声调的长度并不相同。全升、全降、曲折调有三个音子(摩拉)，其他的声调都是两个音子，轻声是一个音子。(王洪君 1999,246)这样，普通话的四声可以标写如下：

阴平：55　HH

阳平:35　MH

上声:214　LLH

去声:51　HML

1.1.6　汉语以外的声调语言

汉语有声调,但声调并不是汉语所独有的。跟汉语一样有声调的语言还很多,大致可以分为三个部分:一是汉语的亲属语言,二是非洲大部分语言,三是美洲印第安语的某些语言。

汉语及其亲属语言声调的特征,一般是以音节内的声调高低不同来区别意义的。一般没有,或很少具有语法功能。声调除了高低的对比之外,还用升降变化的旋律来相互区别。声调数量最少的有两个,一般都多于三个,多的超过十个。

非洲和美洲的语言声调特征类似,数量都不多,一般是两个,或者三个声调。声调都是平调,很少升降变化。一旦出现升降调,都是有条件的。每个声调的长度都是一个音子,所以只有高低,没有旋律。

以上三种声调语言是典型的声调语言。此外,还有一些语言有时也被称为声调语言,但实际上那不是严格意义上的声调。比如日语,是利用音节之间的音高对比来区别意义的。如,hashi 这个词,如果前一个音子高,后一个音子低,就是筷子;如果前一个音子低,后一个音子高,就是桥。相比来讲,典型的声调,都是在音节内的音高对比。换句话说,是音高特征附着于音节。而日语等的音高则附着于词汇。因此,日语的表现也接近于重音语言,如英语。

1.1.7 声调、重音和语调

声调是语音的高低升降。用语音高低升降来表现的还有重音和语调。重音的特征不限于是音高，还有音强、音长。据研究，汉语重音主要表现为音长。

重音有词重音（Stress）和句重音（Accent）两种。

词重音是在词内，由于音节重音位置不同，而形成不同的词形。例如，英语的

ˈcommune 公社　　com ˈmune 交谈

ˈincrease 增加（名词）　　inˈcrease 增加（动词）

ˈinsult 侮辱（名词）　　inˈsult 侮辱（动词）

句重音是在句子范围内的重音对比，有节律重音、逻辑重音、强调重音三种。[14]

有几个词语组成的一个意义统一的整体，这个整体语段的中心词一般是强重音，这个重音就是节律重音。例如：

ˈ告诉他，是ˈ我让你来的。

出于对比、衬托、肯定，而要加重读音，这种重音叫逻辑重音。例如：

ˈ你不会写诗，ˈ我会写。

你不会ˈ写诗，只会ˈ朗诵诗。

你不会写ˈ诗，只会写ˈ散文。

你ˈ不会写诗，根本就ˈ不会。

强调重音是指含有强烈的感情，因此需要加重语音来凸显的重音。例如：

ˈ一定要把淮河治好。

一家生一个孩子。

语调是句子的语音高低升降轻重的变化。一般来说：

降调：用于陈述句、命令式、感叹句、特殊疑问句

升调：用于未完成、句子前半部分、表示犹豫的语气

平调：用于表示踌躇、迟疑

曲折调：用于表示夸张、强调

总结一下声调、重音、语调的异同：它们的相同点是都用音高和音长表达意义。不同点：一是，声调一般不用音强表达，重音和语调则不同。二是声调都是音节内部的音高、音长、升降的变化，以音节为单位；而重音要么是以词为单位，要么是以语段为单位，语调则以句子为单位。

1.2 声调的几个术语及其相关原理

要了解声调，就要先了解一些声调的基本术语。这里主要介绍调类、调值、调域、调型、曲拱、变调。

1.2.1 调类

（一）调类就是声调的类别

不同的语音单位要凭声调相互区别，并不是随便说出一个不同的声调就可以了，而是有一定的约束。声调语言会把相互区别的音高做约定，归纳出几个大致的分类。说这种话的人只能按照这些分类说出几种特定的声调，才可以形成语言成分，具有区别意义的作用。

比如，汉语普通话有阴平、阳平、上声、去声四个调类。说普通话的人说出的声调必须符合这四种声调类型，才可以达

成交际目的。假设你说的声调跟上面说的四声不同，甚至于差别很大，那么这种声调就是没有意义的。普通话的四声分别是55、35、214、51，如果你说个131的声调，就没有意义，就算不标准。

汉语有不同的方言，各地方言的声调调类数目不等。最少的是两个声调，都是北方话。北方话以四个声调为多。一些地区也有五个声调，那一般是有入声的方言。比如山西部分地区和江淮方言。

（二）四声

现代汉语普通话的声调有四个调类，所以也叫四声。但是四声的名称并不是从普通话开始的，而是从六朝时候开始的。六朝齐梁年间的周颙、沈约两人最早发现了汉语有声调的区别，而且当时的声调类别也是四个，就取名叫四声。但是当时的四声与普通话四声不同，不是阴平、阳平、上声、去声，而是平声、上声、去声、入声四声。“平、上、去、入”四个字，就是最早的汉语调类的代表字。“四声”也就一直是汉语声调的名称。

那么汉语声调是什么时候才开始叫作“声调”的呢？

自从周颙、沈约“发明”[15]四声以来，直到民国时期，音韵学上一般用“四声”这个词来称说汉语声调。直到1922年，赵元任先生发表了《中国语言字调底实验研究法》[16]，才采用了“字调”“声调”的术语。

（三）声调的阴阳

声调的高低，会因为音节声母是否带音而有不同。一般来说，如果声母是振动声带的浊辅音声母，则音节从一开始就发音响亮，使得音节声调音高低沉；相反，如果声母是不振动声带的清辅音声母，则听觉上音节音高高亢。普通话和很多北方方言里，声母已经没有清浊两类之分，但是我国古代和现代的某些方言中，声母是有清浊不同的，这使得声调因为声母的清浊而有高低不同。这就是声调的阴阳。

简单地说，声调的阴阳是历史的产物。古汉语的平上去入四个调类，在近代早期，因声母的清浊而各分为两类，之后就有了阴平、阳平、阴上、阳上、阴去、阳去、阴入、阳入。表列如下：

表 1—3

古四声分类	阴阳分调	分调条件
平	阴平	清声母音节
	阳平	浊声母音节
上	阴上	清声母音节
	阳上	浊声母音节
去	阴去	清声母音节
	阳去	浊声母音节
入	阴入	清声母音节
	阳入	浊声母音节

汉语各方言的声调虽然有不少差别，但是从调类上看，基本上都不超出上述的范围。北京话的声调里，上声、去声的阴阳分类都看不出来了，入声也不存在了，但是平声还保持着阴阳的分类。

现在，官话方言的声调阴阳对立比较少，非官话方言的声调阴阳对立就丰富多了。所以，阴阳对于非官话方言似乎更常见一些。例如，绍兴话的声调：

表 1—4[17]

	阴调	调值范围	阳调	调值范围
平声	51	1—5	231	1—3
上声	335	3—5	113	1—3
去声	33	3	11	1
入声	45	4—5	12	1—2

从上表可以看出，阴调一般比较高，阳调都比较低。除了阴平是从最高 5 到最低 1 之外，其余的三个阴声调调值范围都在 3 到 5 之间。而阳调则都在 1 到 3 之间。如果把阴平调值处理为高降调 53，那么阴阳调的调值范围就呈现这样的格局：

阴调调值范围：3—5

阳调调值范围：1—3

这样，阴调的范围比阳调高两度。那么，如果把阴调都降两度，或者阳调都升两度，则阴阳声调多数可以合并。

表 1—5

	阴调	阴调减两度	阳调	阳调加两度
平声	51 调整为 53	31	231	453
上声	335	113	113	335
去声	33	11	11	33
入声	45	23	12	34

这说明阴阳调有同一的来源。可见，把声调分了阴阳之后，就可以把阴阳调分在两个音高范围内来研究，更容易发现

声调的演变规律了。

与调类相关的问题还很多，比如，除了上边说的汉语各方言的声调分类都跟古汉语的四声有对应关系，不出平上去入之外，很多民族语言的声调也与平上去入有对应关系。尤其是侗台语族、苗瑶语族的语言。这也是研究语言亲属关系的一个重要方面。

1.2.2 调值

（一）传统上对调值的记载

“调值是声调的实际读法，指一个音节发音时音高变化特征的高低、升降、曲直、长短的变化形式。”[18]在历史上，我们的古人对调值没有精确的描写方式，所以现在看到的古人关于声调的记载一般都比较含糊。比如：

平声者哀而安，上声者厉而举，去声者清而远，入声者直而促。[19]

平声平道莫低昂，上声高呼猛烈强，去声分明哀远道，入声短促急收藏。[20]

明代的西方传教士郭居静精通音乐，曾经利用音乐来记录、研究当时的汉语声调，并用自己的研究成果来教授后来的传教士，可惜没有留下关于当时调值的确切记录。但是这也给人们一个启示，声调跟音乐有着千丝万缕的联系。一方面，声调确实可以用音乐的旋律来模拟、研究；[21]另一方面，声调的发现也跟音乐有关。周颙、沈约只有有了对音乐的细致的研究，和对音高的敏锐感知，才可以有意识地感觉到语言中的音节也有高低升降的变化，也是有旋律的，才可以发现声调，并总结为四个调类。[22]

(二)现代语言学的调值研究

最早用实验方法研究汉语声调的是美国人 Bradley。他在 1916 年左右,制作了一种仪器叫 Rousslet Appaeatus,利用发音的振动,在一张烟纸上画线,再与听出来的音高放在一起计算出一个数值,画出一条曲线,就是音高曲线,也就是声调的数值。他用这种方法测算了北京话和柬埔寨语言的声调。另一位是英国的语音学家丹尼尔·琼斯,他用留声机和人耳相结合的方式记录声调。他在留声机播放到某个要测算的字音时,突然提起针头,然后听辨停顿后的音的音高。赵元任在 1922 年制作了一种更复杂的仪器,其中有开了小口、可以吹奏的筒子,合适在筒子里活动的活塞,连接的笔,供画线的纸。他用自己的仪器,按照自己的步骤测出了北京、天津、开封、武昌、重庆话的声调。

稍后,有两位学者在法国学习语音学,他们相继对声调产生了兴趣。一位是刘复,他的论文是《四声实验录》;另一位是王力,他的论文是《博白方音实验录》(1931 年,法文版)。他们都使用了自己的声调实验方法。白涤洲借鉴刘复的声调推断尺,制作了"乙二声调推断尺",并用它研究了北京话声调。

现在一般可以用语图仪来画出声调曲线。可以用来做语音实验的软件也多了起来。做语音实验,测算声调的音高已经不是难事了。

(三)调值都是相对的

声调的高低是构成声调调值的主要因素,但是声调的音高没有绝对的数值。比如,同样的音,女人的音高要略高于男人。同一个人的发音，在不同时间也不一样高。因此，声调的音高都是相对的音高。

可能有人会担心：既然声调是以音高作为主要指标的，那么，如果调值高低是相对的话，会不会给理解造成障碍？这个担心是不必要的。

当然，调值的高低是形成声调对立的主要指标，不同声调相互区别的主要特征体现在音高上。例如，普通话的阴平调调值是55，时长是两个音子（摩拉）。在实际交际的句子里，发音要短一些，但是我们照样可以理解，不会造成障碍。如果我们把音高改变了，发音低两、三度，就可能变成22或33，就很接近上声的变调21，听话人就可能错听成上声。

所谓调值的相对性，是指不同人，不同语言环境下，调值会有不同的表现。例如，高声喊话时候的音高，要比平时说话高一些；平时说话，又比耳语时候高一些，但在这些不同的语言环境里的发音里，人们并不使用另一套声调系统，而是整体调整音高范围。

因为声调的高低是由语音的频率决定的，所以，如果喊话、平时说话、耳语时都说“中国”，然后分别计算它们的基音频率，则会发现差别很大。但是三种语言环境下的相对音高是一致的，这是决定声调的主要部分。

1.2.3 调型

声调平曲升降的型式，就是调型。非洲、美洲语言的声调一般情况下是短的平调，只有高低之分，所以，调型比较简单。汉语和亲属声调语言的声调，因为时长要多两三倍，所以调型就复杂得多。有平、升、降、升降、降升、升降升、降升降。[23]简单归并一下，可以分为平调、斜调、曲调三类。

与调型相关的，还有两个概念：调形、曲拱。调形指声调的形状、样子，是声调在语图仪上的具体形状，是语音学术语。调形的归类是调型，是音系学概念。调形的高低升降形成的线条，叫作曲拱。曲拱在汉语声调中有重要作用。

（一）平调

平调是出现最多的调形。美洲、非洲语言里的声调，一般是平调。只在一定条件下发生变化，才会变为斜调。而且这些平调最多具备三个高度。汉语的平调也很多，一般的汉语方言都有平调，不具备平调的方言很少，如大连话。有的方言甚至于有多个平调。可以参见上一节关于声调性质的叙述部分。但是，在一种语言或方言中，不会同时出现超过五个平调。从这个角度说，五度标调法还是很科学的。

苗语、瑶语、布衣语和侗语的一些土语发现有五个平调的情况。例如高坝侗语（石锋、廖荣蓉 1994，84）：

表 1—6

调名	1 调	1' 调	2 调	3/9 调	3'/9' 调	4/10 调	5/7 调	5'/7' 调	6 调
调值	45	11	22	33	13	31	55	24	44
例字	鱼	抓	搭	山林	公的	马	中间	钉子	过
平调		平一	平二	平三			平四	平五	

石锋研究认为，“我们迄今还没有发现一种声调语言有五种以上的平调。”（石锋、廖荣蓉 1994，83—98）超过五个平调的限度，听辨就会遇到麻烦。

（二）斜调

声调的起点和终点不一样高，起点和终点之间又没有弯曲的声调，叫作斜调。斜调有三个因素影响：升降、高低、斜率。

根据升降，可以把斜调分为升调和降调两类。根据高低，降调可以分为高降、中降、低降、全降；升调也可以分为高升、中升、低升、全升。根据斜率，可以分为若干种。比如，普通话中的阳平是35，由3上升到5，是升调。去声是51，由5下降到1，是降调。

说到升调，我们一下子想到的可能是像长沙话、温州话这样的：

长沙话：阳平：13 —— 入声：24 上升2度

温州话 阴上：45 —— 阳上：34 上升1度

这两个声调虽然高低不同，但是上升的幅度是一样的，就是平行的。但是，也有很多具备两个升调的，两个调并不一定平行：

双峰话：阳平：23 —— 阴去：35 分别上升1度/2度

南昌话：阳平：24 —— 阴去：45 分别上升2度/1度

广州话：阴上：35 —— 阳上：23 分别上升2度/1度

事实上，在一个语言或方言中，不同的声调，它们的调型是尽量保持区别的。

降调跟升调的情况差不多，如梅县话有两个降调：上声31，去声52。音高都差2度，算是平行的。又如南昌话的两个降调分别是阴平42，阳去21，音高差分别是2、1，就不平行了。最有意思的是粤语阳江话，共有6个降调，其中舒声3个，促声3个。

表 1—7

调名	阳平	上声	阳去	下阴入	上阳入	下阳入
调值	43	21	54	$\underline{21}$	$\underline{54}$	$\underline{43}$
高差	1	1	1	1	1	1

一般来说，如果一个方言同时有几个降调或升调的话，不能都平行；在一个语言或方言里，最多可以同时有四个升调或降调。但是在阳江话里，这两个规律都被打破了：降调超过了 4 个，而且都是平行的。这主要是因为，一是，阳江话里的 6 个降调是有短长之分的，3 个长调，3 个短调，所以，单看长调和短调，都不超过 4 个。二是，由于长短不同而造成斜率不同，因此，前三个声调算平行的，后 3 个声调是平行的。

（三）曲调

曲调也叫拱调，是有一定弯度的调形。有中部向上凸起的曲调、中部向下凹陷的曲调，还有先平后升的平升调、先平后降的平降调，双升、双降的两折调。由于双升、双降的声调，即升降升、降升降两种，都比较少见。而且一种语言里一般不会出现两个，所以这里不作重点介绍。

中部凸起的曲调，又叫凸调。一般凸起的幅度都不会太大，不会像斜调那样有全升、全降的组合。一种语言里同时出现凸调或凹调的，一般不会超过三个。比如，温州话的阴入是 323，阳入是 212，是两个平行的降升调，已经很不常见。像福州话，阴去 213，阳去 242，分别是降升调和升降调，是很少见的。据说，如果一种语言有降升调，又有升降调的，就各只能有一种。

如果有一种方言，能够具备以上最多数调型，那可能是潮州话[24]：

表 1—8

	阴平	阳平	阴上	阳上	阴去	阳去	阴入	阳入
调值	33	55	53	35	213	11	$\underline{21}$	4
调形	平调	平调	降调	升调	曲调	平调	短调	短调
例字	刚知	陈寒	楚恐	令倍	唱世	地谢	识笔	笛合

1.2.4 调域

（一）调域与调值相联系，是调值的范围

一个语音总是可以分析为若干个纯音，每个纯音都有自己的频率，其中最主要的纯音叫基音，其余叫陪音。基音的频率叫作基频。基频决定调值的高低。一个音的基频从最高到最低，有一个变化范围，这个范围就是调域。约占一个八度音。

调域有高低和宽窄的不同。这也跟调值一样，是相对的。林焘、王理嘉（1992）说："调域的高低和宽窄因人而异，男人大致在 100—200 赫之间，女人大致在 150—300 赫之间，即使是同一个人，由于说话时的感情或语气不同，调域的高低和宽窄也会有变化。"[25]可见，调域不仅有高低之分，也有宽窄之别。

（二）调域的高低

声调的高低是相对的。这在上节"调值"部分已经说过了。因为调域是声调的最高点到最低点的区域，所以，调域的高低也是相对的。

首先，不同的人，说话时候的声调调域高低不同。比如上面所说，男人的频率在100—200赫之间，女人在150—300赫之间，则相应地，其调域的范围也就分别在这两个范围之间，有高低的差别。同样，由于感情不同，情绪不同，具体情境不同，声调都会随时改变调域。

其次，汉语声调是附着于音节的，在音节内的音高保持一定的高低关系，但是音节之间的对比音高，也有不同。这主要是因为我们说话时候，总是伴随着不同的语调和重音。语调和重音也是有语音的高低、长短、强弱等特征的。语调的高低变化，会影响声调的高低变化，使句子里不同位置的字音发生高低变化，声调的调域就随之改变了。

再次，不同声调的调域也不同。比如普通话阴平调基本是平的，虽然有时也有起伏，但是很小。阳平、上声、去声就不同了。例如[26]：

阴平：张　9.94—10.04

阳平：吴　7.92—11.09

去声：赵　8.32—10.66

这些不同声调的字，其调域的高低、宽窄是不同的。

（三）调域的宽窄

一般来说，声调的曲拱大，就是声调内音高升降变化大，则调域就宽；反之亦然。沈炯（1985）说："音域加宽，声调曲拱就放大；音域提高，声调曲拱也提高；反过来也是一样。音域和声调曲拱之间存在着正变关系。"[27]可见，调域的宽窄，跟音高变化的幅度有关。不同声调的升降幅度有差异，也决定了调域的宽窄不同。上述三个声调的上下限之差，可以作为调域不同的直观印象：

阴平：张　9.94—10.04　　上下限之差：0.10

阳平：吴　7.92—11.09　　上下限之差：3.17

去声：赵　8.32—10.66　　上下限之差：2.34

从后边的数值来看，不同声调的上下限之差还是很不相同的。这些数值只是单次试验的结果，并不能准确地代表各声调的调域的一般情况，这里只是为了解释这个概念。

根据研究，调域的上下限会由于重音或语调的影响而改变。比如，词重音会使调域的下限向下降，句子的语气会使调域的上限上升等。由于下限的下降和上限的上升，调域也会随之加宽。

1.2.5. 调长

声调的时长就是调长。非洲、美洲语言的声调长度一般只有一个音子（莫拉），在汉语的眼光看来，这就是个短调。汉语里声调有长短之分，短音就是入声。入声是有塞音韵尾的音节，在声调上表现为短促调。

汉语把入声之外的其他舒缓的声调叫作舒声；入声短促，所以叫作促声。舒声的长度大致是相应促声的两倍，所以它们的长短分别是很明显的。但是舒声之间、入声之间的长短也有差别。只是这种差别不是音位性的，不区别意义。

即便如此，还是有很多学者对声调的时长进行研究。现在我们举平悦铃（2001，26）的上海声调调长数据为例（单位毫秒 ms）：

表 1—9

调名	阴平	阴去	阳去	阴入	阳入
传统调值	51	445	113	44	23
实验调值	53	334/434	113/223	55/54	12/23
绝对调长	185.9	243.5	242.0	92.4	134.0

从以上的调长数据看，曲调最长，斜调次之，入声最短。其中最长的阴去(243.5ms)，最短的阴入(92.4ms)，之间相差近三倍。

再看常州的情况(平悦铃 2001,54)

表 1—10

调名	阴平	阳平	上声	阴去	阳去	阴入	阳入
听调 1	44	213	233	41	332	5	3
听调 2	44	213	334	51	24	5	23
听调 3	44	213	35	41	24	5	35
测调	184.9	293.9	224.2	142.4	224.4	120.6	123.3

常州声调的调型多一些，更利于比较调型跟调长的大致关系。从上边数据看，凹调 > 平降调(升平调) > 平调 > 斜调 > 入声。或者说，舒声长于促声，曲调长于平调，平调长于斜调。

1.2.6 连读变调

有的语言或方言的个别声调调值发生变化，而且两个调值可以随机变读，这是声调的变体[28]，不是我们说的变调。

变调，又叫连读变调，或连续变调，是指一个声调在使用中失去本来的调值，而改读了另一个调值的情况。

（一）连读变读的调值

变调从变读的调值来看，可以分两种：

一是，变调跟声调系统中的另一个声调一致，或者接近，可以大致认为变调跟另一个声调调值相同。这样，变调并不改变声调系统的格局。二是，变调是一个新的调值，跟任何其他声调不重合。例如苏州方言的声调系统如下：

表 1—11

调名	阴平	阳平	上声	阴去	阳去	阴入	阳入
调值	44	24	52	412	31	4	23

苏州话的变调情况很复杂[29]，这里略举两例如下：

① 各声调出现在阴平后边，一律变 31 或 21。其中阴调读 31，阳调读 21。如今朝、工人，因为“今”“工”是阴平，所以，它后边的阴平字“朝”（本调 44），阳平字“人”（本调 24），都改变了。“朝”由 44 变为 31，“人”由 24 变为 21。

② 阳平调字如果出现在双音节词的前字，则读为 22；其后跟随的如果是阴去或上声，则变读 44；如果其后跟随的是阳平，变读 33，如果跟随的是阳入，变读 3。

上例中共有 6 种变调：31、21、22、44、33、3。其中，两个变调跟本调相合：31 跟阳去合、44 跟阴平合。另外四个 21、22、33、3，则没有出现在本调的系统中。

（二）连读变调和本调、单字调

变调是和本调相对而言的，是一种改变了的声调。一般来说，有变调，就有一个本调。但是，变调和本调并不是一一对应的关系。有时候，一个变调会对应于两个甚至多个本调。

例如，上述苏州话变调的情况就是。苏州方言在阴平后边，阴调变读为 31，阳调变读为 21。那么，变调 31 对应的本调就有 4 个之多，变调 21 对应的本调也有 3 个。同时，一个本调也可能有不同的变调。根据苏州话的变调规则，我们可以统计如下：

阴平：本调 44，变调 31

阳平：本调 24，变调 21、22、33

上声：本调 52，变调 21、44

阴去：本调 412，变调 31、44

单字调一般来说就是本调，上述情况中，本调都又同时可以被称为单字调。但是，有时候也有分歧。有时候我们从变调往回追索到的，不是单字调。例如，平遥方言[30]平声不分阴阳调，所以阴平字“铅升风”声调是 13，阳平字“盛红铜”声调也是 13。但是，“铅笔、升起、风盒”这些词里，“铅升风”声调变读为 31；在“盛起、红活、铜匠”里，“盛红铜”变读为 35。阴平、阳平的本调不会同是 13，而应各有本调，只是其本调的差别在演变中泯灭了。

本调和变调不是一对一的关系，但是，一个本调的多个变调都是有条件的，像平遥话这样，在条件相同（如都在“起”字前）的情况下而有不同的变调，联系到汉语多数方言平声都分阴阳的情况，猜测平遥话的平声早期也是分阴阳的，阴调和阳调不同音，所以变调也就不同。如果这个说法成立，那么，“铅升风”的变调为 31、“盛红铜”的变调为 35，这两者应该是其阴阳分调时的变调，保留在今方言里了。那么，就有：

表 1—12

例字	单字调	本调	变调
铅升风	13	早期阴平	31
盛红铜	13	早期阳平	35

(三)连读变调的成因

连读变调是一种语流音变。

语流音变是指在自然语言使用中,由于语言环境的影响,语音发生的变化。元音、辅音、声调,都可能发生语流音变。语流音变通常有同化、异化、增音、减音、合音、换位等方式。

连读变调发生的原因,第一个就是语音环境。

同化作用引起的连读变调,是指当两个不同的语音连接在一起时,其中一个会使另一个变得跟自己一样或接近。例如,威宁苗语当一个高平调跟一个高升调连接时,高升调就被同化为高平调。

异化作用例子更多一些,例如,福州话:

阴去 + 阴去 → 阳平 + 阴去

阳去 + 阳去 → 阳平 + 阳去

上声 + 上声 → 24 + 上声

两个相同的声调碰在一起,其中一个变成了别的,就是异化。

有的变调跟语法有关,如,温州话的复合词因内部结构的不同而采用不同的变调方式。如:

联合式:霜冰 $ɕyɔ^{44}_{32}$ $peŋ^{44}_{33}$

主谓式:天光 $t^{h}i^{44}$ $kuɔ^{44}$

述宾式：开车 $k^he^{44}_{3}ts^ho^{44}$

还有的变调跟复合词结构无关，但是跟词语内部紧密度有关。驻马店方言中一些阴平字在结合紧密的词语里，作前字时变调。如：

铁 t^hie^{213}→ 铁匠 $t^hie^{213}_{53}tɕiaŋ^0$

黑 $ɕie^{213}$→黑豆 $ɕie^{213}_{53}tou^0$

有的变调只跟字音自身有关。[31]例如厦门话阴平 55 在作两字组前字时，无论后边是什么声调的字，都变读 33。显然，这种情况下后字不是前字阴平变调的语音条件。

如果说这种变调中，阴平字在两字组前字算是条件的话，那么银川话的上声变调就连位置条件也没有了。银川话本调系统由平声 33、上声 53、去声 13 三个声调组成。其上声字在去声字之前时，部分字不变调，另一部分字变读 35。检查这两部分上声字的特点，发现不变调的那部分上声字，来自古代汉语的阳平，如"前、防"；变调的那部分来自古上声，如"浅、纺"。看来，"浅、纺"之所以变调，其原因是它们跟另一部分字的来源不同。其变调的条件，就是它自身。

（四）变调的位置

如果从变调字所处的位置来看，有的是前字变调，有的是后字变调；有的是前后只变一个，有的是前后都变。

前字变调的如厦门话前字变调：

山水：$san^{33}_{55}sui^{51}$

危机：$gui^{33}_{24}ki^{55}$

水流：$sui^{33}_{51}liu^{24}$

桂花：$kui^{51}_{21}hue^{55}$

后字变调的，如苏州话阴平之后，所有字都变调，阳调变21，阴调变31。例如：

兄弟：$\text{ɕioŋ}^{44}\ \text{di}^{31}_{21}$

身体 $\text{sən}^{44}\ \text{t}^{h}\text{i}^{52}_{31}$

前后字都变调的，如永康话阳平＋阳平、阳平＋阳去：

时辰：$\text{ʑi}^{22}_{11}\ \text{zəŋ}^{22}_{52}$

洋芋：$\text{jiaŋ}^{22}_{11}\ \text{ɥy}^{241}_{52}$

1.2.7 入声

入声是一种声调类别，但是在今普通话和大部分北方方言里并不存在，所以，北方人体会入声比较困难。现在保存入声最完整的是粤方言，所以，想体会入声的话，可以去听听粤方言的广州话、香港话。像这些字，是入声字：百白得德独法发各割革合喝接节甲夹集急客渴拉勒麦脉内帕拍切洽恰缺鹊日入热说踏握息匣咸叶业一六七八十。这些字，在很多方言里至今还读入声。入声作为声调，也有升降变化，其主要特点是发音短促。

入声不仅是声调问题，还有韵尾问题。粤方言的入声字都有[-p]、[-t]、[-k]结尾，这保留了中古汉语入声的特点。但是在其他多数地区，入声的韵尾已经不是那么完整了，大多合并成了一个喉塞音[-ʔ]韵尾。更有不少地方，入声韵尾已经消失了，读起来跟阴声韵一样，但是单独成调，例如温州话。还有一些地方，入声已经成了往事，比如北京话，其入声已经没有独立性，而分派到其他声调里去了。

汉语入声的[-p]、[-t]、[-k]结尾跟西方语言的塞音有所不同，它是唯闭音，就是只作发音的势，但是不发出声音。换句话说，就是只持阻不除阻。

附　注

① 声调的长短，在现代汉语中只在个别方言中还区别意义。但是在古代汉语中曾经是区别意义的，比如上古汉语的声调有长短之分。

② 本表资料来自北大中文系语言学教研室编《汉语方音字汇》，文字改革出版社，1989 年，第 20—41 页。

③ 本表资料据刘俐李《汉语声调论》，南京师范大学出版社，2004 年，第 401 页。

④ 吴宗济《中国大百科全书·语言文字卷》，中国大百科全书出版社，1988 年，第 493 页。

⑤ 吴宗济《中国大百科全书·语言文字卷》，中国大百科全书出版社，1988 年，第 344 页。

⑥ 同上。

⑦ 清人贾存仁《等韵精要》分析字音为"头、项、腹、尾"四部分，未计声调。罗常培介绍了近人唐钺改贾存仁四部分名称为"起、舒、纵、收"；刘复加上了声调，经罗常培改造，称"头、颈、腹、尾、神"。见罗常培《汉语音韵学导论》，中华书局，1956 年，第 91 页。

⑧ 赵元任《中国话的语法》，见《赵元任全集》第一卷，商务印书馆，2002 年，第 214 页。

⑨ 林茂灿《北京话声调分布的知觉研究》，《声学学报》1995 年第 6 期。

⑩ 瞿霭堂《汉藏语言调值研究的价值和方法》，《民族语文》1985 年第 6 期。瞿霭堂《论汉藏语言的声调》里还提出了另外一个

“调素”的概念，但是那是跟“调位”相对的音系学概念，不是声调的长度单位。

⑪ 林华《“调素论”与普通话连读变调》，《中国语文》1998 年第 1 期。

⑫ 参见王洪君《汉语非线性音系学——汉语的音系格局与单字音》，北京大学出版社，1999 年，第 242 页、246 页。

⑬ 王士元《声调的音系特征》，见《王士元语言学论文集》，商务印书馆，2002 年，第 151 页。

⑭ 参见罗常培、王均：《普通语言学纲要》（修订本），商务印书馆，2002 年，第 154—159 页。

⑮ 旧时习惯上说沈约发明四声。对于“发明”这个词，何九盈先生认为，“发明”一词本来有“创造性地阐发”的意义，所以说“发明”并无不妥。（何九盈《中国古代语言学史》新增订本，北京大学出版社，2006 年，第 101 页）胡奇光说：“通常以为沈约发明‘四声’，那是一种历史的误会。”他认为四声的发现，应该在沈约之前的晋朝，或者是跟沈约同时稍早的周颙。（胡奇光《中国小学史》，上海人民出版社，2005 年，第 127 页）

⑯ 《科学》1922 年第 7 卷第 9 期。见《赵元任语言学论文集》，商务印书馆，2002 年。

⑰ 王福堂《绍兴话记音》，载《语言学论丛》1959 年第 3 辑。

⑱ 金有景《普通话语音》，商务印书馆，2007 年，第 90—91 页。

⑲ 唐释处忠《元和韵谱》语，见《玉篇》附神珙《四声五音九弄反纽图》。

⑳ 明释真空的《玉钥匙歌诀》。

㉑ 参见罗常培《厦门音系》，科学出版社，1956 年；殷焕先《字调和语调》，上海教育出版社，1984 年，第 5—8 页。殷焕先说：“字调拉平念或是由低变高、由高变低，都是滑动的，不是跳动

的。”(第7页)

㉒ 参见何九盈《中国古代语言学史》新增订本第4章第11节《五音与四声》,北京大学出版社,2006年,第83—118页。

㉓ 参见林焘、王理嘉(1992,126);石锋、廖荣蓉《语音丛稿》,北京语言学院出版社,1994年,第99—110页。

㉔ 本表资料来自北大中文系语言学教研室编《汉语方音字汇》,文字改革出版社,1989年,第37页。

㉕ 林焘、王理嘉《语音学教程》,北京大学出版社,1992年,第125页。

㉖ 实验结果采自沈炯《北京话声调的音域和语调》,见林焘、王理嘉《北京语音实验录》,北京大学出版社,1985年,第73—130页。

㉗ 同上。

㉘ 例如,晋中地区部分方言的上声、阳入调,在单字调快读和慢读时,调值不同。如祁县大贾村上声和阳入慢读都为412,快读都为41。祁县城赵上声慢读为312,快读为31;阳入慢读为212,快读为21。参见王福堂《汉语方言语音的演变和层次》(修订本),语文出版社,2005年,第244页。

㉙ 参见谢自立《苏州方言的两字连读变调》,《方言》1982年第4期。

㉚ 参见侯精一《现代晋语的研究》,商务印书馆,1999年,第212、214页。

㉛ 参见王福堂《汉语方言语音的演变和层次》(修订本),语文出版社,2005年,第202—205页。

第二章　普通话声调

2.1　普通话声调以北京音为标准

2.1.1　标准音的制定

北京语音在辽金时期就曾经是北方广大区域的交际语音。① 历经元明清，三朝首都都定在北京，这加剧了北京话走上标准音的进程。尽管北京话是什么时候开始成为全国通用的标准音的问题，学者们还有不同的看法，但可以肯定的是，民国时期北京话就被明确确定为全国通行的标准音了。

北京话作为标准音的明确动议始于清末的 1902 年，当时的维新派人物吴汝纶从日本考察回来，建议学习日本，推广以北京语音为标准音的“国语”。第二年，张之洞、张百熙、荣庆奏定学部章程时，采纳了吴汝纶的建议，但定该标准音时，没有用“国语”，而是沿用了习以为常的“官话”一词。1909 年，议员江谦在清政府资政院会议上大胆提出该“官话”为“国语”，取代清兵入关以来被称为“国音”的满语。1912 年中华民国成立后，确定了“国语”的名称，但是，当时成立的“读音统一会”对于标准音问题又产生了分歧。南方代表不同意以北京音作为国语的标准音，最后只好投票决定，北京音获胜，但是同时同意在标准音中吸收一些方言成分。

1913年，读音统一会制定出了一套“国音”标准，1918年由政府正式公布。但是这套国音一出台就备受争议，因为这个语音系统中，在阴平、阳平、上声、去声，这四声之外，还有入声。有的代表还建议保留尖团音的区别。入声和尖团音是传统汉语韵书里具有的音类区别，在南方方言中也多有保留，因此，此举受到好古的文人雅士和南方人士的欢迎和追捧。但是，在已经实际消失了入声和尖团音之别的北京语音系统中加入这已经消失的分别，严重脱离实际，无法实现。当时，为了推行这个国音，请口齿比较清晰的赵元任按照国语标准灌制唱片。但是赵元任自己也觉得难以从语音上区分入声。1919年，北洋政府又成立了“国语统一筹备会”。该会于1924年对国语进行了修订，取消了入声。这时候，经过了“五四”白话文运动的洗礼，已经没有人对取消入声提出异议了。当时的人把这种经过修订的国音叫作“新国音”，把之前保留入声的国音叫作“老国音”。新老国音的区别，其实主要就在声调有没有入声上。

与“国语”这个名词几乎同时出现的，还有“普通话”②。当时的“普通话”主要是指大众所使用的话，接近百姓心理，容易被接受。相比而言，一提到国语，人们就会想到民国时期的话剧舞台上的对白，给人以生硬的感觉，不如“普通话”更贴近群众。这样，在中华人民共和国成立之初的1955年，“全国文字改革会议”和“现代汉语规范化学术会议”召开，会议确定以“普通话”作为汉民族共同语的名称，确定普通话的语音标准是北京话。这些意见在1956年国务院颁布的《关于推广普通话的指示》中得到体现。

2.1.2 普通话声调的研究概况

普通话是以北京话为标准音的，所以，普通话的声调就是北京话的声调。对普通话声调的研究，曾经是中国语音学的开路先锋。

在中国语言学史上，20 世纪初这段时间，是传统语言学与现代语言学交融的时期。现代语言学进入汉语研究，最早是从语音学开始的；而在语音学里边，又是从汉语声调研究开始的[③]。赵元任于 1922 年发表《中国言语字调的实验研究法》[④]，设计了一种测量声调的工具，并对声调的性质提出了自己的看法。他认为，汉语声调有音高和音长两个要素，两要素之间是函数关系；声调的高低并不是绝对的，而是相对的；因此比较声调的高低，应该限定在同一方言里，在相同的话语环境下；字调会随着语调的高低变化而协同变化，等。赵文发表两年后(1924)，刘复发表《四声实验录》[⑤]最早用实验仪器对汉语声调进行研究，认为决定声调高低的是基频。四声是由高低造成的，与音质、音强无关；四声升降的变化是滑动的，而不是跳跃的。又两年以后，刘复以《汉语字声实验录》和《国语运动史》获得巴黎大学文学博士学位。其中提出区分音调、词调和语调。这三个概念分别对应于我们今天说的基本调、变调与轻声、语调。刘复很注意自己制作语音实验仪器，他在《汉语字声实验录》中介绍了一种叫作“liugraph”的研究声调的仪器，用来推断声调的调值，所以又叫“声调推断尺”。后来又对之做了改进，命名为“乙二推断尺”。他在 1930 年、1934 年先后发表论文《声调之推断及声调推断尺之制造与用法》

《乙二声调推断尺》,介绍他的仪器。(参见林焘 2010,602—603)白涤洲使用刘复的方法对北京话的声调做了精细的测算。

林茂灿(1965)利用音高显示器分析普通话声调。沈炯(1986)用对数公式把声调频率换算成五度调值(D 值)。他的公式是:

$$D = 5 \times \log_2 \frac{F}{F_0}$$

廖荣蓉(1983)在研究苏州声调时利用百分比的方式把频率值换算成五度值(T 值)。她的公式是:

$$T = \frac{lg^x - lg^b}{lg^a - lg^b} \times 5$$

石锋(1994,13)认为 D 值是声调的动态描写、T 值是声调的静态描写,两者都是试图把频率值转换成五度标调法的调值。

20 世纪 80 年代以后,汉语声调的研究变得活跃起来,语音学、音系学的研究,和传统音韵学的研究都很突出。

2.2 普通话的调类

2.2.1 普通话有几个调类

这个问题本不难,甚至一般情况下不算一个问题,但是在具体情境下,还需要耐心去回答。

普通话的声调有阴平、阳平、上声、去声四个调类。这个四声调的格局从元代周德清的《中原音韵》(1324)时代就已经奠定了，到了明万历年间徐孝的《重订司马温公等韵图经》，基本上都没有异议。20世纪初的声调研究一开始就承认了普通话（北京话）有四个声调。

第一个异议是在清末民初的时候，有人提出汉语有入声，如果没有入声就是一个缺失。在当时的旧文人看来，北京话地位如此之重要，当然不应该缺失入声。为了给北京话的入声找到可以实施的根据，人们还给北京话的入声设计了调值。比如说入声是个短调，所以读入声的时候要读得短一些；从调型上说，又认为入声应该是个降调。这个说法是为了供读古书的人诵读古代诗词时候体会入声的音乐之美，但是实际上北京话早就没有了入声。也正因为如此，尽管旧时候的老先生指出了哪些字是入声字，但是学的人还是不能像记忆其他声调的字一样，可以凭借自己的语感去体会，而是要死记硬背。因为口语里根本没有了入声。

第二个异议来自对轻声的误解。关于轻声，请参看下文2.6。轻声不是一个调类，性质跟阴平、阳平、上声、去声不同。这四个声调，都是跟字音结合着的，不能随便变读，读错了就变成另外的字了；但是轻声没有固定在某个字上，随便哪个字，只要用在该轻声的地方，就失去本来的声调，改读轻声。例如，“子”是上声字，不能随便改，改了就变成“资”“自”了。但是，“桌子”里，它读轻声。而且，光一个“子”字，在不同的字后边读的轻声的高低也不一样。如桌子（前一个字是阴平）、橘子（前一个字是阳平）、椅子（前一个字是上声）、柚子（前一个字是去声）四个词中，“子”的调值都不一样。所以，轻声不是一个独立的调类。

2.2.2 四声的名称

普通话的四个调类都有自己的名称，通常叫作第一声、第二声、第三声、第四声，也叫阴平、阳平、上声、去声。前边的名称是一种简便的叫法，以便于记忆；后边的名称，是传统流传下来的。另外，还有依据调型的名称，叫高平调、高升调、降升调、全降调；依据调值，叫 55 调、35 调、214 调、51 调。表列如下：

表 2—1

依据	名称			
顺序	第一声	第二声	第三声	第四声
传统	阴平	阳平	上声	去声
调型	高平调	高升调	降升调	全降调
调值	55 调	35 调	214 调	51 调

下面我们列一些各声调的字：

阴平：欢呼、轻松、今天、苏州、新安、西边、出发

阳平：从来、白头、奇人、长宁、服从、迟疑、革除

上声：土改、老虎、礼品、马匹、很爽、减少、捣毁

去声：过去、落后、现在、进步、够用、凑数、见面

四声字组：

艰难挺近、幡然悔悟、稀奇古怪、妻离子散、知足有乐

掰成两半、帮忙改错、差别很大、心情很坏、春来好热

上面举的例子，有的是同声调的字组成的，要是不同声调组成的，则按照四声的顺序排列。这种情况是不是偶然的呢？

如果寻找如上的阴阳上去四声排列的四字组，虽然说不算太难，但是也不是一件轻松的事。所以，并不是所有四字组，或者大多数四字组都是按照声调顺序排列的。但是，经过研究，汉语复音词的组成确实有一个趋势：按照四声的顺序，一般前字的声调比后字的声调在四声中排列在前。例如：

声调、音乐、描写、精神、相对、绝对、使用、普遍

但是，例外也不少。例如：

汉语、测量、对比、作品、重点、果冻、冒险、免爷

不过总的来说，按照声调排列组成的词，要多一些。

2.2.3 普通话四声的来源⑥

汉语声调在很长一段历史时期内都是平、上、去、入四声，发展到普通话的四声，是怎么来的？这个问题的回答，对我们认识今天的普通话四声的来源有帮助；同时，由于汉语绝大部分方言的声调都跟古四声有对应，所以，弄清楚普通话四声的来源，对方言区的人学习普通话也有帮助。

（一）阴平的来源

阴平的字，大多数古代也是平声字。还有一部分来自古代的入声。对于一般的读者，没必要知道这个来源；但是对于喜欢吟诗作赋的读者，知道这两种来源的阴平字，作用就不同了。

普通话中，来自古代平声的阴平字有：

哀安肮班帮猜餐仓操呆单当刀恩翻方风飞敷甘干方刚高勾姑哈憨家江交揪精京今金开刊康坑扣枯欧潘亲清三桑贪汤

弯汪窝虾先香萧休修虚烟央犹

在古代，这些字的声母都是清声母。这是当初它们跟阳平调分开的主要条件，但是今天，一则我们已经无法根据现代语音来分清楚声母的清、浊了，二则就算能够分清楚清浊声母，也无法在口头上把来自古代平声的字，和来自古代入声的字（如“郭接失”）分开，因为它们都是清声母字。

只有一个可以排除的部分，就是带-n、-ng 韵尾的字，肯定不是入声字。至于开音节的字，则两部分都有，要分清楚这些字，南方人可以凭借自己方言的入声字来排除，而北方人就只好死记硬背了。

汉语拼音中，l、m、n、r 四个声母是次浊音。以这些声母开头的平声字，一般都随全浊声母读阳平，但是也有一些例外。例如，“捞妈猫囔扔”就随清声母，读阴平。这些声母的入声字也有读为今阴平的，例如“拉”，但是很少。

（二）阳平的来源

古代汉语的平声，在近代出现了一个变化，就是根据声母的清浊，分为阴阳两个声调了。这个过程叫作“平分阴阳”。上文说的阴平，古代声母都是清声母；这里说的阳平，其声母都是全浊音。近代汉语里，全浊音变成了清音，跟原来的清声母合流了，声母的清浊对立消失了，声调的阴阳对立保留了。举几个阳平的例字：

皑昂旁才层愁肥冯红河湖盘彭求情秦绳谈唐疼停同头图王娃匣形

这些字都是古代的全浊声母字，除此之外，阳平声里还有一部分是次浊声母字：

来蓝林灵留龙楼卢棱萌埋蛮忙迷梅毛模拿男能囊挠奴泥仍然瓤揉如牙银营由鱼

阳平字里，大部分是古代读全浊、次浊声母的平声字。但跟阴平字一样。阳平字里也有一部分字来自古代的入声。例如：

格急国熟白伯服极毒拔跋伐阀筏答达铡扎察砸杂薄泊箔勃渤脖博膊驳帛膜佛德的格阁革隔阂葛骼壳咳合盒涸劾折哲学辙蛰辄舌则择泽宅觉得绝掘

阳平里的古入声字比阴平里多一些，但是也总是少数，是可以通过方言读音推导或记忆、学习的。这些入声字也是古全浊声母字。

（三）上声的来源

普通话的上声字，是古代上声字的一部分。古代的上声字如果按声母的不同，可以分为三部分：清声母字、全浊声母字、次浊声母字。其中，全浊声母字后来基本上都并入了去声，那么现在的上声里，就只留下古清声母、次浊声母的上声字。

但是也有一些例外，例如"挺捕釜腐缓皖"都是古代的全浊声母字，但是它们没有变为去声。关于浊上声变去声的演变过程，请参看何九盈(2002)⑦。

上声字里还有一部分字来自古入声。这样，我们把北京话的上声字按来源分为三个部分：

一是古代的清声母上声字，例如：

把绑版本此惨草早扫少倒抖等底体塔坦躺筒肘丑手想醒

二是一些是古代的次浊声母字，例如：

哪努脑你拧扭母米敏莽猛满染壤乳忍懒冷里搂磊

三是来自古入声的字。例如：

法塔笔给脊乞葛骨谷嘱朴卜辱曲百窄北甲瘪撇九角脚渺

（四）去声的来源

普通话的去声的中古来源最复杂。

一是古代的去声，包括清声母、全浊声母、次浊声母的字。例如：

清声母字——报到躁糙告靠犒奥要叫

次浊声母字——冒帽涝傲绕耀

全浊声母字——暴盗号邵轿调掉豆逗

二是古代的上声字里边，声母是全浊声母的字。例如：

抱道稻皂造浩鲍赵兆绍

三是来自古代的入声字：

纳腊蜡榻洽恰聂妾涉页叶设摄切怯业入烈列裂灭热孽拽屑箧括阔豁月越血迄蜜密必毕弼栗质日室逸没律术率物莫幕寂寞错恶鄂鹊雀略掠却虐疟药钥跃霍镬墨默特塞色刻朔乐岳握克力匿测式抑翼忆域迫魄陌客赫麦脉策册扼碧剧逆璧壁辟借籍赤斥适释益亦译易液腋货画历木鹿速疫役酷沃六陆目腹覆复宿肃祝肉畜郁育绿促粟续束触褥玉狱欲浴

上述来自入声的字中，其声母清、浊、次浊都有，以次浊为多。

2.3 调值

调值就是声调的高低、升降。普通话的调值，用五度标调法可以标示如下：

阴平 55　阳平 35　上声 214　去声 51

2.3.1 调值的研究

对于普通话声调的研究由来已久。刘复《四声实验录》(1924)[8]用浪纹计记录、分析北京话的声调，石锋(1994，13—14)把刘复的实验数据转写成 T 值数据，其曲线[9]如下：

阴平：	3.5	3.9	4.1	4.1	4.1
阳平：	1.0	1.7	2.4	3.1	3.6
上声：	0	0.2	0.8	1.8	2.8
去声：	5	5	5	3.9	0

白涤洲(1934)利用刘复的方法，采用浪纹计记录，然后用改进的"乙二声调推断尺"测算，根据每一个点的颤动数推断出音高，用音符记录下来：

阴平：a♯——b

阳平：f♯——c′

上声：e——c♯

去声：b——c

白涤洲(1934)的作品是遗稿，罗常培、王均(1981/2002，138)介绍了白涤洲的成果，并根据它做了一张声调图。石锋(1994，14)[10]又根据图上的数据转换成了 T 值：

阴平：	4.0		4.5
阳平：	2.1		5.0
上声：	1.3	0.0	3.8
去声：	4.4		0.0

林茂灿(1965)试制了音高显示器,并用来研究普通话的声调音高,并绘制了图表。石锋(1994,14)根据图表换算成频率,再计算出T值[11]:

阴平:	4.6/5.0		4.2/4.6
阳平:	1.9/2.7		4.6/4.6
上声:	1.1/1.8	0.0/0.0	3.1/1.8
去声:	5.0/5.0		0.0/0.0

石锋(1994,14)利用6087PC Visi-Pitch可见音高仪,分析了5个发音人各9组声调样本,得到平均值如下:

阴平:	3.4		3.2
阳平:	1.9		4.2
上声:	1.9	0.0	2.6
去声:	5.0	4.4	0.8

2.3.2 四声调值的分析

(一) 阴平

从调型上看,阴平在刘复的记录里是前微升,后平。白涤洲的记录是微升。林茂灿和石锋的记录都是微降。这是调型上看到的,由于升降都不多,可以忽略不计。但是升降的走势如此不同,还是一般人所难以想象的。尽管如此,阴平的"平"的特征,不容否定。但是,我们也应该看到,所谓的"平",是相对的,一是相对于其他升降幅度很大的声调来说,它基本上是平的;二是在不同人群之中,可能会有不小的差距。

从调高上看,四位学者的研究也有差距:

刘复的阴平：	3.5—4.1	中高	差 0.6
白涤洲的阴平：	4.6/5.0—4.2/4.6	高	差 0.5
林茂灿的阴平：	4.2—4.6	高	差 0.4
石锋的阴平：	3.2—3.4	中	差 0.2

如果看音域范围的话，白涤洲、林茂灿记录的在高音区，符合北京话阴平为高平调的特征；但是刘复、石锋的记录都在中区或者中高区，离高平调有差距。而且，这些记录中，只有白涤洲的一个记录可以达到完整的 5 度，其余都没有达到 5 度。石锋的记录甚至整个都在中音区。所以，把北京话的阴平设立为 55，从语音学上讲，既不符合音高的实际，也不符合调型的实际。再看各记录的音高差：如果从最低的记录 3.2 算起，到最高的记录 4.6，差距有 1.4。这在五度标调法里，就超出了一度的范围。

那么，是不是北京话的阴平标为 55 是不合理的呢？不是的。第一，学者们记录的北京话阴平调虽然有升降的变化，不是纯然的“平声”，但是，相比其他声调来说，基本上还是平的；所以，“平”是相对的。第二，北京话阴平可以标为 55，也可以标为 33 或 44。由于北京话的平声只有一个，所以，33、44、55 的假设都可以。从上述四家的记录看，似乎标为 44 更接近。但是由于各声调之间有音高对比，标为 55，更能够显示各声调之间的差距。第三，虽然石锋的记录和林茂灿的记录之间差距超过了一度半的差距，但是，声调音高的变化都是限定在具体人群的，不同的情境下，声调音域可能差别很大，这很正常。但是，在一次调查中的，各位学者的记录还是差距不大的。差距最小的石锋的记录只有

0.2，而差距最大的刘复的记录也只有 0.6，都远远没有超出 1 度的范围。

所以，阴平标为 55，是没有问题的。

（二）阳平

刘复的阳平：　1.0—3.6　从低到中　升 2.6

白涤洲的阳平：　2.1—5.0　从低到高　升 2.9

林茂灿的阳平：　1.9/2.7—4.6/4.6　从低到高　升 2.7/1.9

石锋的阳平：　1.9—4.2　从中到高　升 2.3

刘复的起点最低，终点也最低。林茂灿的第二组起点最高，终点也比较高。白涤洲的起点不那么低，终点最高。如果从数值上看，只有林茂灿的第二组数据符合普通话阳平 35 的调型。只有白涤洲的阳平的终点真正达到了 5 度值。但是，从总的走势看，阳平都是从低到高的变化。标为 35 是合适的。

（三）上声

刘复：　0.0　— 0.8　—2.8

白涤洲：　1.3　— 0.0　—3.8

林茂灿：　1.1/1.8—0.0/0.0—3.1/1.8

石锋：　1.9　— 0.0　—1.8

白、林、石三家的上声都是先降后升的，只有刘复的上声只升不降。但是从上升的速率看，开头阶段上升缓慢，中间部分开始上升加快，所以，它的上升路线是凹陷的，这一点跟其他三家的记录一致。三家上声的调里，林茂灿的第二组和石锋的记录，基本上起点和终点一样高，可以标为 313；而林茂灿的第一组和白涤洲的记录则标为 214 最合适。

上声的实验差距如此之大，使我们不得不讨论，这还算是一个声调吗？我们看上声的记录，不管怎样不同，但是跟阴平、阳平、去声的走势是差距很大的，这就是说，它有自己的区别于其他声调的特征。从调形上看，这个特征就是“凹”。尽管刘复的记录没有下降的部分，但也是凹的。从调高上看，上声是个低调，这也是跟其他声调不同的。

（四）去声

刘复的去声：	5.0—5.0—0.0	从高平到低	降 5
白涤洲的去声：	4.4—0.0	从高到低	降 4.4
林茂灿的去声：	5.0/5.0—0.0/0.0	从高到低	降 5
石锋的去声：	5.0—0.8	从高到低	降 4.2

去声基本上都是从最高降到最低，这一点各家的记录很一致。刘复的去声在下降之前有三分之二的时间是高平调，然后突然下降。所以石锋说：“极少是直接从高到低一直降下来的，大都是如《四声实验录》所记录的那样，先在高处持续一段或平缓下降，然后再急速降下来，成为凸型降调。”（石锋 1994，15）可见，各声调不都是一成不变的，每个声调都有不少可以飘移的度，允许有一些发音的误差，但是各声调之间的对比一定不能抹杀。所以，尽管各家记录的某一个声调可以有一些差别，但只要不差到别的声调上去，就不会有太大问题。所以，有学者主张抓住每个声调的特征。阴平调值的主要特点是高调，也可以读成[54]或[44]；阳平调值的主要特点是升调，也可以读成[24]或[25]；上声调值的主要特点是低调，也可以读成[212]或[213]；去声调值的主要特点是降调，也可以读成[41]。

2.4 调长

2.4.1 时长数据

由于普通话没有入声，所以，调长对于声调来说不是突出问题。但是，各声调的时长还是不同，而且是规律性的。上述四家学者在测量声调的高低的同时，也测量过时长。冯隆(1985)[12]也测过声调时长。现在列在下边：

表 2—2 声调时长表(单位 ms)

	阴平	阳平	上声	去声	平均
刘　复	360	380	560	230	382.5
白涤洲	436	455	483	425	449.75
林茂灿 A	241	279	364	300	296
林茂灿 B	368	395	468	355	396.5
冯隆句中	248	259	249	248	251
冯隆句末	274	320	335	268	299.25
石　锋	295	249	404	197	286.25
最大差	195	206	311	228	198.75

最后一行的"最大差"指的是最大值和最小值之间的差距。其中，上声的差距最大，最长的是刘复的记录，560 毫秒；最短的是冯隆的句中调长，249 毫秒。差距是 311 毫秒，比冯隆测量的整个声调时长还多出 62 毫秒。

测量之所以有这么大的差距，跟各位学者的操作方法有关，也跟各位对声调时长的理解有关，更跟各位所测量的声调的具体情境有关。比如，刘复记录的发音人是出生于北京的福建人；白涤洲希望能记录完整的四声时长，所以他的发音人发音比较慢；冯隆测量的是句中和句末位置出现的声调，而不是单独发音的声调时长。但是，不管各位学者所测时长如何差别，各声调之间的相对时长关系基本上一致：上声＞阳平＞阴平＞去声。

2.4.2 调长的测算

声调的长度从什么地方开始，到什么地方结束，也是一个受到关注的问题。赵元任认为声调的长度应该包括元音和韵尾；如果声母是浊辅音，那就包括整个音节；如果声母是清辅音，则声调只贯穿韵母部分。[13]林茂灿也认为，如果声母是浊音，或者零声母，那么 F_0 的曲线就贯穿整个音节；但是，如果声母是清辅音，则 F_0 从韵母开始，“因为清声母为噪音，在 F_0 显示图中，它表现为紊乱的线条，而不显出 F_0”[14]。林茂灿在测量中还发现，声调的 F_0 曲线在开头和结尾部分都有特殊的改变，而这种改变是不影响声调的调型的。他把 F_0 曲线的开头的改变部分叫作“弯头段”，结尾的下降部分叫作“降尾段”，而中间的可以代表声调走势的部分，叫作“调型段”。“声调的音高信息只跟调型段的 F_0 模式有关。”这样，林茂灿在测量声调时长时，就只测量一个音节的 F_0 曲线的调型段的长度。

冯隆发现，在具体测量时，清辅音声母会浊化，或部分浊化，在语图上表现为浊音横杠。[15]因此，冯隆测量的声调时长，是把声母时长和韵母时长加起来的结果。

那么，为什么冯隆测量整个音节的声调的长度，比林茂灿测量的音节中间部分“调型段”的长度还要短呢？因为，一则，林茂灿虽然不计算清辅音声母的长度，但是在具体测量时，他选择的有浊声母字，这种情况下还是测量了整个音节长度。二则，林茂灿测量的音节是单字音，例如“妈、麻、马、骂”，而冯隆测量的是在句子中间和句子结尾的字音长度。音节在单独说时，用在句尾时，和用在句子中间时，其长度不同。这也是造成如上的音长差距的原因之一。一般说来，声调的长度是，单念时最长，句尾时次之，句中时最短。从上述测量数据也可以看出这一点，举阴平为例：

表 2—3

林茂灿	单念	368
冯隆	句末	274
冯隆	句中	248

声调的长度跟它在句中的位置有关，也跟它在词中的位置有关。在双音节结构里，前面音节比后边短一些。如果是三音节词，或者一般的三字组，其中的第三字调长最长，第一个字的调长次之，第二个字的调长最短。这个规律有两个结果，一个是可能使中间的字音变成轻声，一个是中间的字音可能最容易变调。

2.5 连读变调

2.5.1 普通话连读变调的表现

普通话的阴、阳、上、去四声是基础调，只有阴平调没有变调，其余都有变调。但是，各声调的变调中，数上声变调最显著。

（一）上声变调

上声的本调是 214，但是，只有在单独说时、在句子末尾时、强调时，才被说成 214，一般情况下有两个变体：21、35。这两个变体出现的条件是：

上声字出现在另一个上声字前边时，第一个上声字变读 35，即读同阳平。

上声字后接的字是阴、阳、去声时，上声字读半上 21。

酒杯　　酒瓶　　酒肉　——　酒保

[tɕiu^{214}_{21} pei^{55}] [tɕiu^{214}_{21} piŋ^{35}] [tɕiu^{214}_{21} ʐou^{51}] —— [tɕiu^{214}_{35} pau^{214}]

关于变读后的 35，有人认为跟阳平的 35 不同，而是 24。王士元（Wang 1967）做了听辨实验，结果证明“上声＋上声”和“阳平＋上声”在北京人听起来没有区别。林茂灿、林联合（1980）的基频测量结果也证明，“上声＋上声”和“阳平＋上声”的基频曲线一致。

除此之外，上声还有两个变调的情况：

一是，上声后接轻声音节时，又有两种情况⑯：

①如果后接的轻声音节，其本调是上声，并且意义没有虚化，那么第一个上声字变读 35。例如：

把手儿　找补　想想　走走　老虎

②如果第二个音节是轻声，并且其本调是上声，但是意义虚化，则第一个上声字变读 21。例如：

姐姐　奶奶　椅子

二是，在前字为阴平调的两字组中，后字上声有的改读为阳平。试比较：

西法——乘法——土法——旧法

上例四个"法"在自然语速中的声调不同，后三例都是完整的214，第一例则是中升调35。[17]

此外，上声变成阳平后，在符合阳平变调的环境里，还可能发生再次变调。

（二）阳平变调

阳平一般不变调，但是在三字组中，如果第一个字是阴平或者阳平，第二个字为阳平，那么这个阳平有可能读同阴平。例如：

西洋参　三年级　西红柿　留学生

以上第二个字，读同阴平。阳平在三字组中的变调，最早由赵元任《语言问题》《中国话的语法》、林焘《北京话的连读音变》提出。吴宗济《普通话三字组变调规律》又发现了新的规律：在三字组中，如果首字是阴平、阳平，次字是阳平，末字是阴平、去声（就是起点为高的声调），那么中间的阳平字变读为阴平，符合赵元任、林焘发现的规律。例如：西洋参、隆福寺。"参""寺"分别是阴平、去声，起点都是5，使第二个字"洋""福"的声调维持在高平调55。

但是，如果末字是上声、阳平（起点在中低的声调），那么，中间的阳平调字分两种情况：

①三字组的结构为双＋单的格式，中间的阳平字读下降的过渡调，如：

清华 / 园　鲜鱼 / 口　前门 / 牌

[$tɕ^hiŋ^{55}$ xua^{35}_{44} $yuan^{35}$][$ɕian^{55}$ yu^{35}_{53} kou^{214}][$tɕ^hian^{35}$ men^{35}_{53} p^hai^{35}]

②如果三字组是单＋双的结构，则第二字仍读阳平。例

如：

当农民　　　　喝凉水　　　　别着急

[taŋ^{55} noŋ^{35} min^{35}] [xe^{55} liaŋ^{35} ʂui^{214}][pie^{35} tʂau^{35} tɕi^{35}]

吴宗济还发现，三字组中的第二字，如果是从上声变来的阳平，它的变调规律，也跟阳平调是一样的。例如："冷水澡"和"棱谁澡"一样，其中的第二字读同阴平。[18]

（三）去声的变调

两个去声相连时，前一个去声发音一般不到位，所以从原本的51调，变为53调。例如：

下放　　　　放假　　　　训练

[ɕia$^{51}_{53}$ faŋ^{51}]　[faŋ$^{51}_{53}$ tɕia^{51}]　[ɕun$^{51}_{53}$ lian^{51}]

吴宗济、林茂灿（1985，164）的实验表明，去声跟去声相连时，前字的起点和终点，分别比后字高，验证了前字去声从51变为53的说法。但是最早提出去声连读前字变读53的赵元任，在《汉语口语语法》中提出了修正，认为之前说的53不准确，应该还是51，只是比原来的短了一些，算作是"小的51"。[19]赵氏并认为，不仅去声是这样，其他声调也是，当它出现在第一个音节时，都会比第二个音节短一些。郭锦桴的研究对赵元任的观察提供了支持意见。他发现"宿舍""树木"两词里的"宿""树"，虽然起点分别比其后字高一些，但是终点却跟后字完全一样高。[20]

表 2—4

宿舍	宿	350—200
	舍	330—200

续表

树木	树	340—180
	木	310—180

2.5.2 其他变调

“一”和“不”是两个特殊的字，它们在句中会根据后字的声调改变本调。像这样的字还有“七”“八”，但是现在一般不太常变，或者基本上只是老年人采用“七”“八”的变调，所以教科书里不再介绍了。[21]

（一）“一”的变调

“一”的本调是阴平 55，在句子末尾、被强调、单独说、句中节奏点上的时候，“一”都是阴平。例如“一二三”“有一说一”“说一不二”“数一数二”，这些“一”都是阴平。此外，“一”还有两个变调：

第一是在去声字前，“一”读如阳平 35。例如：

一顿　　一次　　一件　　一趟

$[\mathrm{i}^{55}_{35}\mathrm{tun}^{51}]$　$[\mathrm{i}^{55}_{35}\mathrm{ts^h}ɿ^{51}]$　$[\mathrm{i}^{55}_{35}\mathrm{tɕian}^{51}]$　$[\mathrm{i}^{55}_{35}\mathrm{t^h}aŋ^{51}]$

第二是在非去声调前，“一”读如去声。例如，下列只有第四例变读不同：

一生　　一时　　一起　　一世

$[\mathrm{i}^{55}_{51}ʂəŋ^{55}]$　$[\mathrm{i}^{55}_{51}ʂʅ^{35}]$　$[\mathrm{i}^{55}_{51}\mathrm{tɕ^h i}^{214}]$　$[\mathrm{i}^{55}_{35}ʂʅ^{51}]$

（二）“不”的变调

“不”的本调是去声 51，单独使用、强调，用在句末或语义群末的时候用本调。例如：“他可以说不”“绝不”“从未说过不字”。

另外，在非上声字前，也读去声。例如，下列只有第四例变读不同：

不惜　　不忙　　不敢　　不去

[pu^{51} $ɕi^{55}$]　[pu^{51} $maŋ^{35}$]　[pu^{51} kan^{214}]　[pu^{51}_{35} $tɕ^hy^{51}$]

变调主要发生在去声之前，如上“不去”的“不”，声调与其他不同。类似的例子还有：

不要　　不会　　不错　　不赖

[pu^{35} iau^{51}]　[pu^{35} xui^{51}]　[pu^{35} ts^huo^{51}]　[pu^{35} lai^{51}]

“七”“八”的变调规则跟“不”一致，只是他们的本调都是阴平 55，而“不”的本调是去声 51。

不变的例子，后接的分别是阴平、阳平、上声字：

七仙女　七雄　七里营　八里铺　八宝粥　八方

变调的例子，后接的是去声：

七剑　七岁　七个　八岁　八字　八面

这些变调现在只在少数人中使用。而且年龄越大使用的越多。但是，就算老北京的老年人，也不是全都变调；而年轻人基本上不变调。

2.5.3 对普通话连读变调的解释

为什么会发生这些变调呢？罗常培、王均认为上上相连时，前边的上声变调，是属于异化作用。[22]

（一）调素论的解释

林华用“调素脱落”来解释。[23]她认为，调素是有调高（高、中、低三级）和音长组成的。每个声调包含三个调素的音长，而普通话的调长，由于差别不太大而可以被忽略。在汉语里，两字组、三字组形成一个音步；而音步边缘的调素容易弱化，脱落是弱化的一种形式。

对于普通话，各声调在句中都会有缩短的现象，这早就被语音实验证实了。而缩短就是由边缘调素脱落造成的，而这一缩短，就造成变调：

①上声 214 变调为 21

②去声 51 变调为 53

③阳平 35 变调为 55

在如上的第一个规则作用下，如果两个上声相遇，则发生如下变化：

214＋214→21214

那么，变调后的两个字，其声调会在低调部分持续很长时间，这样给发音造成困难，因此产生异化作用。继续变化如下：

214＋214→21214→35214

因为阴平是高平调，所以，无论怎么缩短，都不会改变其调型。

（二）摩拉脱落

王洪君认为，汉语的音节不论是单韵母还是复韵母，其长度都是双摩拉的。[24] 所以，在句中出现的字音，都是双摩拉的。但是汉语声调中，曲折调、全升调、全降调，都“含有三个不同的声调特征”，这与汉语正常的音节结构相抵触，所以，曲折调、全升调、全降调的第三个声调特征无法与载调单位（音段）相连接，就使得其中的一个边缘声调特征变成了没有载调单位的浮游调。浮游调在没有载调单位的情况下，无法显示。

所以，浮游调在进入语句中时，要么简单删除，要么当后面有轻声字时，连接到轻声字上。

在普通话里，主要涉及曲折调上声 214、全降调去声 51。例如：

①五百　214　＋　214

→21(4)＋214　（前字最后一个摩拉脱落）

→35＋214　（前字碰到低调后，异化为中升调）

②好吗　214　＋　0

→21＋4　（前字最后一个摩拉代替了轻声 0）

③进步　531　＋　531　（去声 51 被认为经过了中高阶段，也写为 HML）

→53(1)＋531　（前字最后摩拉脱落）

④去吗　531　＋　0

→53＋21　（前字最后一个摩拉代替了轻声 0）

林华和王洪君的解释都有两个问题没有回答：一是为什么上声“异化”为 35，而不是别的？二是轻声[25]为什么可以负载浮游声调？

关于轻声，我们在下文再讨论。关于上上连调的读音，徐世荣认为，上声连读时，第一个上声的变调不是 35，而是 24。但是王士元[26]、林茂灿[27]先后用声调感知和基频测量的方法，确认上声变调后，跟阳平的调值没有区别。

吴宗济对上声变调做了实验：请发音人用正常语速和加快语速各读一句话，然后对比声调的表现。他发现，正常语速时，每个字都按照规则发生变调。但在快读时，除了收尾的字之外，一般的字都分辨不出声调了。“（平叙加速句）句中非关键性的字或词的调域变小乃至趋于平坦。”(吴宗济 2004，159)也就是说，当语速加快时，声调的高低趋于拉平。因此，我们认为，上声是先降后升的曲折调，它在另一个上声前的变调，也许是声调拉平的结果。即 214→24。至于是 24 还是 35，其实并不重要，因为这两个调值差别不大，在北京话中不起辨义作用。

有人认为两个上声连读变调跟其他变调情况不同，不容易用语音规则解释。但是考察周围的北方方言，发现虽然周围方言的上声调值各不相同，但是都常常发生变调。而且，周围方言上声调多为高调，其变调也多为高调。推论北京话上声早期也可能是个高调，所以它的变调也是高调。所以，上声变来的 35 调，不是阳平调，而是早期上声调的变调。[28]

2.6 轻声

2.6.1 轻声的语音学性质

汉语的轻重音，可以分为三种情况：重读、轻读、轻声。

重读在强调时用，发音长而重，如：不是第二名，是第一名。

轻读是自然节律形成的，一般最后音节重一些，如：老师、好人。

轻声是一些特定位置的音节，丧失原有的声调，如：把手、黄瓜。

轻声并不只是北京话的特点，也不只是北方话的专利，其他方言区也有轻声现象[29]。过去人们常说，轻声和儿化是北京话的特点，现在看来，这么说不准确。

关于轻声的语音特点，一般认为表现在几个方面：音强较弱、元音趋于单音化和央化、时长缩短等。林茂灿认为，轻声的时长显著缩短，所需能量减少，但强度并不见得减小。（吴宗济、林茂灿 1989，235）林焘（1983）通过实验发现，轻声的主要特点是时长缩短，音高和音强都不那么重要。由于轻声以短促为特点，在有入声的方言里，轻声跟入声音长就差不多了。但是，轻声跟入声还是有很明显的区别，主要表现在轻声的中和性特征上。北京话轻声在发音时，发音器官是放松的，因此主要元音有央化趋势。劲松认为，轻声主要是一种韵律单位，音色是随着韵律的改变才改变的。（劲松 2002，41）她认为，音强和能量是轻声的主要特征，其他的都是伴随特征。（劲松 2002，121）[30]

由于普通话声调的主要特点是音高，所以，很多学者还是对轻声的调值做了描写。但是，不同的学者的描写相差很大。赵元任（2002，225）认为，轻声也有一个固定的声调，调值是3。“或者”这个词在作连词的时候，整个都是轻声，大概就是这个音高。在其他声调后边，轻声的调高分别是：

阴平之后，半低，如：他的。

阳平之后，中，如：黄的。

上声之后，半高，如：好的。

去声之后，低，如：大的。

如果把上述调值换成数字，分别是：2、3、4、1。这个描写很有代表性，徐世荣（1980）[31]正是这么用数字标示的。

林茂灿、颜景助（1980）通过声学实验，认为四声之后的轻声应该分别为:41、51、44、21。

以上都认为轻声有四种音高,吴宗济、曹剑芬则认为只需三个音高即可。曹剑芬(1994)的语音实验结果是31、31、34、21。吴宗济(2004,203)的三个调高分别是:

第一,前字为阴平、阳平,或由阴平、阳平变来的,轻声调值是中降32;

第二,前字为上声时,轻声调值是半高54;

第三,前字为去声时,轻声调值为低降21。

还有更简单的,周同春(1990)[32]归纳为两个调高:

阴平、阳平、去声之后:32。

上声之后:3。

虽然有这么多不同的看法,但是目前比较流行的说法,还是赵元任、徐世荣的描写。即四声之后分别为2、3、4、1。

轻声算不算阴平、阳平、上声、去声并列的第五调呢?确实有人提出过这个说法。赵元任在《语言问题》(2002,59—60)里认为,虽然99%的汉字是属于四声的,但是,一些单呼词,如诶、噢、哦;一些助词,如的、得、呢、吗,本来就没有声调,轻声就是它们的调。赵元任为它们设计的调值是3。有人认为,赵氏如上说的这些词,也是有本调的,赵氏说法靠不住。但不管怎样,我们也不觉得有把轻声设为第五调的必要,因为大部分的轻声词还是有本调的,比如"结实"的"实"本调为阳平。如果把轻声设为第五调,那么,这个"实"就又多了一个声调,而意义是不变的。而有的词语可以读轻声,也可以不读轻声,如"条件",怎么为它注音呢?所以,轻声本质上说,是一种声调使用现象,而不在静态的声调系统内。

2.6.2 轻声的范围[33]

轻声词包括好几类本来差别很大的词语。

第一类，语气助词，吗、呢、啊；结构助词，的、得、地；时态助词，了、着、过。例如：

多吗 / 红啊 / 远呢 / 快呀

吃了 / 来过 / 好的 / 下着

第二类，个别量词，如“个”：

吃个饭不会耽误那么多时间的。

第三类，一些词尾，例如子、儿、头、们、么。

桌子/椅子/球儿/甜头/苦头/我们/那么。

第四类，一些方位词，如里、下、上、边、面，还有里面。

屋里/山下/衣服上/西边/上面/屋子里面。

第五类，一些招呼词，如哦、噢、诶。

第六类，趋向动词去、来、上去、下来，等。例如：

看来、拿去、干起来、说下去

第七类，一些双音节词的第二个音节。例如：

白菜、老实、本分、把手、地道、折磨、枕头。

这一类跟上述其他类不同的是，没有规律，都是双音节或多音节词。

此外，在以下结构中，一部分词要读轻声。例如：

重叠词的后音节，如奶奶、星星、哥哥。

中轻的三音节词的中间音节，如：冷不丁、宋各庄，特别是三音节的地名，中间一音节一般读轻声。

一些四字格格式，稀里糊涂、叽里呱啦，第二个字都读轻声。

由于普通话哪些是必读轻声的，哪些不必全读轻声，规则不容易掌握，所以，轻声的规范问题就很必要。目前国家语言文字工作委员会已经颁布了《轻声词审音表》作为读音标准，具有权威性。

2.6.3 轻声的作用

轻声跟非轻声相对待，可以使语音有抑扬顿挫的音乐美。这一点，其作用跟基本声调作用差不多。汉语之所以有音乐美，除了语调、重音也起到作用之外，主要是通过声调体现的。而轻声跟其他四声还有不同，它除了有语音的高低、长短的差别之外，还有轻重之分。轻声音节的主要元音弱化，跟之前的音节搭配起来，使得音节之间在语音上产生错落之感。轻声的高低，要视前边音节的声调而定，这就使轻声音节跟其前边的音节关系更加紧密，形成一个节律单位，也是汉语音乐美的一个体现。这是从语音角度说的作用。

从词汇的角度看，轻声词利用语音的差别，可以与非轻声词相区别，形成一类独立的类别。不仅各方言轻声词的习惯不同，就是一个方言之内，对某个词语是否轻声也常有疑问，但是，词汇利用轻声特征作为独立的类别，应该是有独立性的。

词汇上的轻声，多数并没有对立的非轻声形式，但是，有对立形式的词汇在很多方言都不乏其例。

（1）区别书面形式相同，但意义不同的词，例如：

地道[ti^{51} tau^{51}]：地下的通道。如："挖地道。"

地道[ti^{51} tau^{0}]:纯粹。如:“你的英语很地道。”

冷战[$leŋ^{21}$ $tʂan^{51}$]:国际间进行的战争形式以外的敌对行动。如:“冷战时期。”

冷战[$leŋ^{21}$ $tʂan^{0}$]:战抖。如:“打了个冷战。”

(2)区别语音形式相同的轻声和非轻声词,例如:

字句[$tsɿ^{51}$ $tɕy^{51}$]:字和句子。如:“字句清秀。”

字据[$tsɿ^{51}$ $tɕy^{0}$]:写下来的凭据。如:“留个字据。”

从语法角度看,轻声可以划定词语和句子的边界、区别不同词性的同形词、区别语素之间的不同关系。例如:

(1)帮助划定词的边界

例一:“把手放在桌子上。”

这个句子有歧义,可能被理解为“把你的手放在桌子上”。但是如果“把手”读轻声,这句话的意思就是“在桌子上放着把手”,歧义就自动消解了。因为轻声词“手”划定了“把手”是一个词,而不是词组。

例二:“这点心事先藏着。”

这个句子也有歧义,可能被理解为“心里有心事,但是先藏着,不说出来”。但是如果“点心”是轻声词,那这句话的意思就是“事先把点心藏起来(适当时候再拿出来)”。歧义自动就消解了。

以上两个例子,都是由于轻声把词从句子里划出来的。

(2)划定句子界限主要是靠语气词

例一:前途是光明的,道路是曲折的。

此例中两个“的”,标志着小句的结束。

例二:先把李先生送回去吧!

句末的“吧”标志了句子结束。

(3)轻声区别词性

运动、言语、端详,读轻声时是动词,不读轻声时是名词。

花费,读轻声时是名词,不读轻声时是动词。

公道,读轻声时是形容词,不读轻声时是名词。

(4)轻声区别词素之间的关系

作为轻声词的结构助词“的、得、地”的功能就是确定结构关系,趋向动词“起来、下去、来、去、上、下”和方位词“里、头、面”等,也标志结构关系。这些不必赘述。这里说一下单纯轻声标志结构关系的情况。

例如:早上要比晚上好

“上”的轻声与否,决定着这句话的含义。读轻声时,意思是早上这段时间比较好;不读轻声时,可能是说早点上课比晚点上课好。“上”与前一字“早”“晚”的结构关系,因其读轻声与否而有改变。

再如:

年月:读轻声时是词,指岁月;不读轻声是词组,意思是年份和月份。

火烧:读轻声时是词,指一种饼;不读轻声时是词组,意思是用火烧。

干事:读轻声时是词,指一种职位;不读轻声时是词组,意思是做事。

附　注

① 参见林焘《普通话和北京话》,语文出版社,2000年,第19页;

何九盈《汉语三论》，商务印书馆，2007 年。

② 关于“普通话”一词的历史和它与汉语共同语的历史渊源，请参见何九盈《汉语三论》(语文出版社，2007 年，第 118—150 页)。

③ 高本汉的《中国音韵学研究》对中国语言学现代化起到了重要作用。它作为博士论文，于 1915 年通过答辩。但是，它在中国形成较大影响还在赵元任、罗常培、李方桂、林语堂、刘复、王力等学者介绍进来的若干年之后。而该著作整本翻译成汉语，更在 20 世纪 40 年代。

④ 《科学》1922 年第 7 卷第 9 期。收入《赵元任语言学论文集》，商务印书馆，2002 年，第 27—36 页。

⑤ 刘复《四声实验录》，上海群益书社。

⑥ 这部分内容参见金有景《普通话语音》，商务印书馆，2007 年，第 95 页。

⑦ 何九盈《〈中州音韵〉评述》，《音韵丛稿》，商务印书馆，2002 年。

⑧ 见罗常培、王均《普通语音学纲要》，商务印书馆，2009 年，第 137—138 页。

⑨ 下列数据，每横行代表不同的点的音高。联系各点，可以发现音高变化，即高低、升降。下同。

⑩ 参见石锋《北京话的声调格局》。载石锋、廖荣蓉《语音丛稿》，北京语言学院出版社，1994 年，第 10—19 页。

⑪ 该表反映的是两组数据，所以用斜杠隔开。

⑫ 冯隆《北京话语流中声韵调的时长》，见林焘、王理嘉等著《北京语音实验录》，北京大学出版社，1985 年，第 131—195 页。

⑬ 赵元任《汉语口语语法》，商务印书馆，1979 年，第 17 页。

⑭ 吴宗济、林茂灿《实验语音学概要》，高等教育出版社，1989 年，第 157 页。

⑮ 冯隆《北京话语流中声韵调的时长》，见林焘、王理嘉等著《北京语音实验录》，北京大学出版社，1985 年，第 139 页。

⑯ 参见曹剑芬《连读变调与轻重对立》，《中国语文》1995 年第 4 期；转引自王理嘉等《二十世纪现代汉语语音论著索引和指要》，商务印书馆，2003 年，第 175—176 页。

⑰ 见郭锦桴《汉语声调语调阐要和探索》，北京语言学院出版社，1993 年，第 177 页。

⑱ 见吴宗济《普通话四字组韵律变量的处理规则》，载《吴宗济语言学论文集》，商务印书馆，2004 年，第 199—200 页。

⑲ 见《赵元任文集》第一卷，商务印书馆，2002 年，第 221 页。

⑳ 见郭锦桴《汉语声调语调阐要与探索》，北京语言学院出版社，1993 年，第 180 页。

㉑ 见胡明扬《"七""八"变调不宜再推行》，《语文建设》1997 年第 6 期。载胡明扬《语言学习散论》，北京外国语大学出版社，2002 年，第 56—57 页。

㉒ 见罗常培、王均《普通语音学纲要》，商务印书馆，2009 年，第 183—184 页。

㉓ 林华《调素论及普通话连读变调》，《中国语文》1998 年第 1 期。

㉔ 王洪君《汉语非线性音系学》，北京大学出版社，1999 年，第 242 页。

㉕ 赵元任认为轻声或者可以写作 3。它是个中和调，但不是 0，现在写作 0 只是一个权宜的写法。

㉖ 见王士元、李功谱《北京话的第三调》，见《王士元语言学论文集》，商务印书馆，2002 年，第 185—195 页。

㉗ 见吴宗济、林茂灿《实验语音学概要》，高等教育出版社，1989 年，第 171 页。

㉘ 闫小斌《汉语北方话上声连读变调研究》，《内蒙古农业大学学

报》(社会科学版)2010 年第 3 期,第 357—358 页。

㉙ 参见王福堂《汉语方言语音的演变和层次》(修订本),语文出版社,2005 年,第 208—210 页。

㉚ 劲松《现代汉语轻声动态研究》,民族出版社,2002 年。

㉛ 徐世荣《普通话语音知识》,文字改革出版社,1980 年。

㉜ 周同春《汉语语音学》,北京师范大学出版社,1990 年,第 130—132 页。

㉝ 这部分参考了《赵元任文集》第一卷,商务印书馆,2002 年,第 60—61 页。金有景《普通话语音》,商务印书馆,2007 年,第 126—129 页。

第三章　汉语方言声调概况

3.1　概说

3.1.1　汉语方言

汉语方言古已有之。方言间的声调差异，是可以被明显感知到的语音差异。传统上，汉语方言被分成几个大的方言区。但是，不同的学者的分区不太一样。我们把影响比较大的分区意见，略述如下：

七个区：袁家骅《汉语方言概要》提出了七大方言的说法，计有：北方方言、吴方言、湘方言、赣方言、客家方言、闽方言、粤方言。

八个区：李方桂在 1937 年的《中国年鉴》的《中国的语言和方言》中，把汉语分为八个方言区：北方官话、西南官话、下江官话、粤方言、客赣方言、闽方言、吴方言、湘方言。

1955 年，丁声树、李荣《汉语方言调查》也分八个区，分别是：北方话、吴、湘、赣、客、粤、闽南、闽北。

九个区：赵元任在《国语入门》(1948)中分了九个区：北方官话、西南官话、下江官话、粤、赣客、闽南、闽北、吴、湘。

2002 年，侯精一主编《现代汉语方言概论》，也分了九个区：官话方言、晋语、吴语、徽语、湘语、赣语、客家话、粤语、闽语。

十个区：1987 年由中国社会科学院和澳大利亚人文科学院合作编制的《中国语言地图集》分了十个方言区：官话、晋语、吴语、徽语、湘语、赣语、客家话、粤语、闽语、平话。

在袁家骅的分区中，北方方言即通常所说的官话方言。其余的六个方言区都是非官话方言。官话方言内部有其共通性，而非官话方言各区，虽然之间有同有异，但是都跟官话方言有典型的区别。

3.1.2 官话方言和非官话方言

不管是哪种划分标准，各方言之间的差异都以语音条件为最显著。其中，声调的差异也很明显。但是，尽管如此，光凭声调还不足以把所有方言区都分清楚。

根据声调的数量，可以把汉语方言简单地分成官话方言跟非官话方言两大类。官话方言的声调数量少，一般是四个调，下江官话（江淮官话）和西南官话、晋语部分地区都有入声，以五个声调为主。其余大部分地区是四个声调，有些地区减少到三个声调。这些方言声调数量上具有同一性。

非官话方言一般声调数量不会少于五个。从地域上说，非官话方言都在长江以南；从声调上讲，非官话方言的声调除了一般多于五个之外，普遍保留入声调甚至入声韵尾。

按照声调的分区，我们大致可以把方言声调概括到下表里：

表 3—1

官话方言	非官话方言					
北方话	吴语	赣语	湘语	粤语	闽语	客家话
一般 4 个声调	一般多于 5 个声调					

另外，有人还认为去声不分阴阳是官话方言的特点。

3.2 官话方言

3.2.1 官话方言的声调特征

从地区上看，南部方言声调多，北部方言声调少，官话方言内部大致也如此。四个声调的方言在本区是主体。一般是平声分阴阳，加上上声、去声；入声消失。但是，也有平声不分阴阳，或入声保留的。看下表①：

表 3—2

	北京	通化	长春	荣成	天津	石家庄	郑州	洛阳	兰州	成都
阴平	55	323	44	42	21	23	24	34	31	44
阳平	35	24	24	35	35	53	42	53	53	21
上声	214	213	213	214	113	55	53	35	33	53
去声	51	52	52	44	53	31	312	312	24	213

有入声，因而有五个声调的地区，除了分布于山西、河南北部、河北西部、内蒙古西部地区的晋语之外，只在河北、河南、山东有极少量分布。这些地区的方言一般有五个声调。

表 3—3(表中资料来自侯精一 2002)

	太原	太谷	平遥	大同	合肥	扬州	西昌	洱源	都匀	零陵
阴平	11	22	13	313	212	21	33	44	33	13
阳平				41	55	34	52	53	53	33
上声	53	313	53	54	24	42	45	42	45	55
去声	45	45	35	24	53	55	213	24	12	24
入声	阴 2/阳 54	阴 1/阳 424	阴 23/阳 54	3	4	4	31	31	42	11
	晋语				江淮官话		西南官话			

晋语和江淮官话均有一些平声和入声都分阴阳的方言，这就形成了六个声调。如山西的洪洞、临汾，江苏的泰兴，湖北的英山、麻城等。还有一些方言有七个声调，但不是本区方言的主体。

三个声调的方言，一部分分布在西北甘肃、宁夏，另一部分在山东和河北。前者如天水、焉耆、银川、民乐、乌鲁木齐，后者如烟台、平度、盐山。

三个声调的方言，可能本来也是四个声调的，由于某种原因，后来其中的两个声调调值接近，逐渐合流了。而且，一般来讲，合流的声调之中，总有一个是阳平。例如：

表 3—4②

	威海	烟台	福山	栖霞	招远	即墨	城阳	莱州	平度	青岛	莱芜	博山	博兴	无棣	庆云
阴	53	31	31	52	214	213	213	213	214	213	213	213	213	213	213
阳	33	55	55	44	42	42	42	42	53	42	55	55	54	55	55

续表

上	312	214	214	314	55	55	55	55	55	55	55	55	54	55	55
去	33	55	55	44	42	42	42	42	53	42	31	31	31	41	31
	东莱片					东维片					西齐片				

从上表可以看出，东莱片、东维片方言点，阳平与去声调值相同；西齐片各点的阳平与上声相同。因此可以推断，这些方言在平声分阴阳之后，阳平调值与相邻调类的调值接近直至合流，造成了阳平调的消失。

西北方言的三声调也跟阳平有关。例如：

表 3—5

	阴平	阳平	上声	去声
天水	13		53	24
焉耆	24		51	44
银川	44	53		13
民乐	212	53		21
乌鲁木齐	44	52		312

上述方言中的阳平调，要么跟阴平合流，要么跟上声合流。有人报道过兰州的一种方言，只有两个声调。③但是从连读变调的表现来看，它也是从四个声调变化而来的；从其阴入跟着阴平走、阳入跟着阳平走的趋势看，它也属于中原官话。④

总之，北方方言的声调以四个为主，五个声调的区域也很大。三个、六个、七个声调的情况都不常见。三个声调大概是从四个声调中失去阳平调而变化过来的。

3.2.2 官话方言声调的内部差异

声调差异主要体现在调值方面，但是在归字上也可以看出特点。

（一）在调值上，一般方言的变化都是渐变的

离得很近的方言往往调值也很相近。例如，山东的莱州、即墨、城阳、青岛，距离很近，声调调值完全一致，都是阴平 213、阳平 42、上声 55，去声归入阳平，共三个调。稍远一些的平度，阴平 214、阳平(和去声)53，与上述方言稍异，但差别很小。

但是，有时候距离不是问题，距离远，但是仍属于一个方言片的方言，声调也可能一样，或者很接近。例如东北的哈尔滨、长春、黑河，虽然距离不那么近，但是声调相同，都是阴平 44、阳平 24、上声 213、去声 52。同在东北的通化，只有阴平调 323；佳木斯，上声 13，略有不同。这些地区之间距离虽远，但是却都在东北方言区，所以声调差别不大。

与此略有不同的是，有些地区距离远，而且相隔不同的声调区，但是却保持相同的声调系统。例如，西南官话中，成都、昆明、大理相去一千多公里，但是三个城市的声调完全一样，都是四个声调，都没有入声。阴平 44、阳平 21、上声 53、去声 213。[5]而跟大理只有 76 公里路程的洱源，却跟大理的声调系统有很大差别，不仅调值不同，而且还比大理多了一个入声。而洱源的这个声调系统却神奇地跟相距八百多公里的西昌接近。

洱源：阴平 44、阳平 53、上声 42、去声 24、入声 31。

西昌：阴平 33、阳平 52、上声 45、去声 213、入声 31。

这个现象看似怪诞，实则有规律可循。大理、昆明、成都都是大城市，之间的来往较多，人口流动形成区域共同语，相似性大。而洱源和西昌地处偏僻，与外界交往不多。两地虽相距较远，但是地域毗连，方言保留的一致性大。

(二)古入声的归属

古代的入声字,在今北方话里表现各异。入声有两个特征,一个是声调短促,一个是韵尾有[-p]、[-t]、[-k]、[-ʔ]等塞音。这两个特征不一定都具备。在今北方话里,入声一般只表现为声调短促,而没有塞音韵尾了。江淮官话、晋语,和其他个别地方的入声有塞音韵尾,但只限于喉塞音韵尾[-ʔ]。

江淮官话、晋语有入声,在北方方言中有特殊性。其他地区的入声不是主要特征,一般以入声的分派去向来考察各地的声调特点。

表 3—6⑥

	北京官话	东北官话	胶辽官话	冀鲁官话	中原官话	兰银官话	西南官话
古清音	阴阳上去	阴阳上去	上声	阴平	阴平	去声	阳平
古次浊	去声						
古全浊	阳平						

上表所说的"古清音",指古代的清声母字,"古次浊""古全浊"分别指古代的次浊声母、全浊声母字。具体的说,古清声母字有:

摘割拍叔——北京话读阴平

白局菊俗——北京话读阳平

曲属谷北——北京话读上声

续剧酷力——北京话读去声

这些字在北京话里分别读阴、阳、上、去四声。东北话与之相似,只是清入声读上声略多一些。比如"福复"都读上声。山东、河北方言则读音比较一致,如上的清声母入声字一般读一样的音:胶辽官话胶东半岛和大连等地的方言,上述清入声字在这些地区都读上声。而在山东、河北方言，即冀鲁官话中，这些字都读阴平。

次浊声母的入声字有“入日月麦”，北京一概读去声，只有个别例外，如“辱”读上声。这个规律，东北、山东、河北方言大致都遵守。但是河南话里，这些字都读阴平，跟古清声母字一致。西北地区的兰银官话中，这些字也跟古清声母字一致，但是读去声。

“独及疾极集毒习席核服伏”这些字，是古全浊声母字，在北京话中都读阳平。这条规律管辖范围很大，除了前述江淮官话、晋语入声没有消失之外，整个北方方言都遵守这个规律。但是，所有规律都会有例外，例如，在北京话中，“夕”读阴平，“续述剧特”读去声，但是它们都是古全浊声母字。

下面我们根据入声的分派给北方官话做个分类：

表 3—7

<table>
<tr><td rowspan="8">北方官话</td><td rowspan="2">1. 保留入声</td><td rowspan="2">入声有一/二/三类</td><td colspan="3">A. 江淮官话</td><td rowspan="2"></td></tr>
<tr><td colspan="3">B. 晋语</td></tr>
<tr><td rowspan="6">2. 入声消失</td><td>入声只一类</td><td colspan="3">阳平</td><td>A. 西南官话</td></tr>
<tr><td rowspan="2">入声分两类</td><td colspan="3">阳平/阴平</td><td>A. 中原官话</td></tr>
<tr><td colspan="3">阳平/去声</td><td>B. 兰银官话</td></tr>
<tr><td rowspan="3">入声分三类</td><td rowspan="3">古全浊变阳平/古次浊变去声</td><td rowspan="3">古清声母</td><td>阴阳上去</td><td>A. 北京、东北官话</td></tr>
<tr><td>上声</td><td>B. 胶辽官话</td></tr>
<tr><td>去声</td><td>C. 冀鲁官话</td></tr>
</table>

从上表看，北京话与其他官话方言的距离是，东北官话最

近，其次是胶辽官话和冀鲁官话，再次是中原官话和兰银官话，最后是西南官话，最远的是晋语和江淮官话。

3.2.3 连读变调

各地方言的连读变调规律不太一样，但是官话方言还是有相对于非官话方言的特点。这里先选取几个方言点，对其声调系统和连读变调方式，做一个展示。

（一）郑州话[7]

郑州话的基本调系统是：

阴平：24；阳平：42；上声：53；去声：312

郑州话的连读变调都是两字组变调，而且都是前字变调。除了去声有一种情况，变调为 31，调值出于基本调之外，其余的变调都没有超出基本调调值范围。

阳平：①42 → 24/＿ + 42

（注：42 调在 42 调之前，变为 24 调。下仿此。）

②42 → 53/＿ + $\begin{Bmatrix} 312 \\ 0 \end{Bmatrix}$

上声：53 → 42/＿ + $\begin{Bmatrix} 53 \\ 0 \end{Bmatrix}$

去声：①312 → 24/＿ + 312

②312 → 31/＿ + $\begin{Bmatrix} 24 \\ 42 \\ 53 \\ 0 \end{Bmatrix}$

（二）济南话[8]

济南话的基本调系统是：

阴平:213;阳平:42;上声:55;去声:21

济南话也只有两字组前字变调。所有声调都有变调发生,但每个声调的变调很少。以后字为去声情况下变调最多。

阴平:213 → 24/_ + {213, 21}

阳平:42 → 55/_ + 21

上声:55 → 42/_ + 55

去声:21 → 24/_ + 21

(三)驻马店话[9]

驻马店方言的声调系统是：

阴平:213;阳平:53;上声:55;去声:31

驻马店方言的变调规律如下：

阴平:213 → 53/____ + 0　　例如:鸡蛋、铁路

阳平:53 → 55/____ + 53　　例如:银河、皮鞋

上声:55 → 53/____ + 55　　例如:蚂蚁、土改

去声:31 → 213/____ + 31　　例如:电路、布告

四声的变调关系形成了一个链条,可以图解如下：

去声(31)→阴平(213)→阳平(53)⇔上声(55)

阴平和去声的变调,都只限于少数的词语或固定搭配内部,不具有普遍适用性;阳平和上声的变调是普遍的,不受词汇限制,属于纯语音条件的语流音变。

(四)盐城话[10]

盐城话的基本调系统由五个声调组成：

阴平:31;阳平:213;上声:33;去声:35;入声:5

盐城话的变调方式有：

阴平：31 → 13/____ + $\left\{\begin{matrix}31\\33\end{matrix}\right\}$

阳平：213 → 13/____ + #

阳平：213 → 13/# + ____

注：# 表示任何声调。上述方式中，第二和第三两个方式可以合并表述为：阳平调在任何两字组组合中都变读 13。

（五）长治话[11]

长治方言的基本调系统如下：

阴平：213；阳平：24

上声：535

阴去：44；阳去：53

阴入：$\underline{21}$；阳入：$\underline{45}$；入声：$\underline{54}$

长治方言的变调有四种类型：一是跟"子变韵"有关的，二是一般语音变调，三是体词性双音词内部变调，四是谓词性双音词内部变调。

长治方言的词缀"子"在语流中跟前字发生融合性音变。在音变的同时，"子"及其前字的声调都可能发生变化。助词"底"也是这样。这种变调称为专用式。这种变调规律有：

阴入：$\underline{21}$ → 4/____ + 子、底　　例如：鸭子、绿底

阳入：$\underline{45}$ → $\underline{54}$/____ + 子、底　　例如：席子、白底

子/底：

535 → 213/213 + ____

535 → 24/24 + ____

535 → 53/53 + ____

535 → $\underline{21}/\underline{21}$ + ____

535 → $\underline{45}/\underline{45}$ + ____

子变调之外的变调方式如下：

① ≠ → 35/____ +535

②阴平：213 → 35/____ + 213

③上声：44 → 53/____ + 53

S——体词性双音词

$\left\{\begin{matrix}213\\24\\535\end{matrix}\right\}$ → 35/____ +53

535 → 53/≠ + ______

阴去：44 → 35/____ +53

44 → 53/____ +44

阳去：53 →35/____ + ≠

V——谓词性双音词

阴平：213 → 35/____ + 213

阳、上、阴去：

$\left\{\begin{matrix}24\\535\\44\end{matrix}\right\}$ → 35/____ +535

长治方言的声调本身就比较复杂，8 个调的声调数，在北方方言中基本上达到了极致。连读变调更加复杂，居然有四种类型，而且分别跟语音、子变韵、词性，有直接关系。这在北方话中是很少见的。

（六）大连话

连读变调不仅在不同地区有不同的规律，即便在同一方言内，不同的人群中，也会有不同的变调规律。大连话老中青三代人中，有三种不同的变调规律，可以作为一个例子。

大连话的基本调有四个系统[12]：

表 3—8

	阴平	阳平	上声	去声
传统派	312	34	213	53
老年派	411	344	214	51
中年派	51	24	213	51
青年派	51	24	212	51

可以看出，四个时代的声调发生了很大变化。连读变调[13]也是如此：

A. 传统派连读变调

阴平：312 → 34/______ + 312

上声：①213 → 34/____ + $\begin{Bmatrix}312\\213\end{Bmatrix}$

②213 → 21/____ + $\begin{Bmatrix}34\\53\end{Bmatrix}$

B. 老年派连读变调

阴平：411 → 55/______ + 411

上声：214 → 344/____ + $\begin{Bmatrix}411\\214\end{Bmatrix}$

去声：51 → 55/____ +411

C. 新派连读变调

阴平：51 → 55/____ + 51

上声：$212 \rightarrow 24/\underline{\quad\quad} + \begin{Bmatrix} 51 \\ 212 \end{Bmatrix}$

去声：$51 \rightarrow 55/\underline{\quad\quad} + 212$

（七）官话方言声调的特点

从声调数量上看，官话方言大多是四个调。三调、五调的不占多数。从阴阳调看，大多平声分阴阳，例外很少。从上声看，古浊上声多变去声。从古入声的今读看，官话方言多数地区没有入声韵，入声调都并入其他声调。

根据这些特点，官话区的人学习普通话时，在声调上应该注意以下几点：

第一，多数官话方言的声调系统是阴阳上去四声，大部分字的声调跟普通话只有调值的不同，所以，学习普通话时，只需找到本地声调，跟普通话相应的声调对应过来即可。第二，方言和普通话的四声一般不是一一对应的，总有一些例外情况。同时，古入声字的今归属不同，也造成对应的不整齐，所以，方言区的人学习普通话的时候，还需要找出古入声字，把它们跟普通话的声调对应起来。第三，平声不分阴阳的地区，要记忆阴阳平的字。不容易记忆时，可以借助于本地方言的连读变调，因为一般单字调平声不分阴阳的地区，也许连读调分阴阳。第四，虽然官话地区都有轻声，但是各地轻声词的范围不同，方言区的学习者要注意把握普通话与方言区轻声词的差别。

3.3 非官话方言

非官话方言的声调一般多于 5 个，但是也有 5 个声调的，比如上海话。不过，上海话的声调虽然只有五个，却跟北方话的五个声调的来源、组合很不相同。我们也拿北方话五声调的盐城话(属于江淮官话)与之对比：

表 3—9

盐城话	阴平	阳平	上声	去声			入声	
中古音	清平	浊平	清上	浊上	浊去	清去	浊入	清入
上海话	阴平	阳平	去声	阳平		去声	阳入	阴入

从中古音的角度看，盐城话只有古平声、上声分了阴阳。然后平声继续保持阴阳的二分，上声的阳调则加入了去声。这两种变化分别叫做平分阴阳、浊上变去，是近代早期北方话的音变特点。上海话古四声都分阴阳，但是之后发生了新的组合：平分阴阳后，阳平加入了阳上、阳去，三个阳调组合在一起；上声、去声的阴阳各自有别，但是又分别合流；入声也保持阴阳分别。所以，盐城话是北方话的格局，上海话是吴语的格局。

江淮方言的入声，有不少地方分了阴阳，但是北方话很少有去声分阴阳的。这是官话方言和非官话方言的区别。而江淮官话兼具两者的特点。下面我们分别介绍各非官话方言声调。

3.3.1 吴语声调⑭

吴语的主要语音特点是保持浊辅音声母，其声调各分阴阳。下面我们介绍苏州和永康两地声调。

(一)苏州话

苏州话的基本调系统：

表 3—10

调类	阴平	阳平	上声	阴去	阳去	阴入	阳入
调值	44	24	52	412	31	4	$\underline{23}$
例字	诗书	时如	水暑	试恕	示树	式识	食蚀

苏州话的阴调，其声母都是清声母；阳调的声母则包括全浊声母和次浊声母。上声也分了阴阳，只不过阳上调跟阳去调合并了，所以变成了七个调。

苏州话的“浊上变去”与北方话（如盐城话）不同，因为它的去声也分阴阳，所以，浊上声只变同阳去声，跟阴去分离。但是北方话的阴去、阳去没有分。苏州话与上海话的分别是，虽然苏州话和上海话都有“浊上变去”，但是上海话的阳平也加入到阳上、阳去里边，这使得上海话的声调简化的很严重。这种简化在上海话里只是近年来的新现象，而且，“近似的简化现象最近也发现在宁波城内和苏州乡间”。（袁家骅1989,65）

苏州话的连读变调很复杂。为了简便起见，我们把阳声调标记为[＋U]，阴声调都标记为[－U][15]。♯表示任何声调。下面简要介绍一下。

A. 双音节变调

a. 前字变调

阳平：①24 → 22/＿＋$\begin{Bmatrix}44\\4\end{Bmatrix}$

②24 → 12/＿＋ ♯

上声：52 → 41/＿＋ ♯

阴去:412 → $\left\{\begin{matrix}44\\41\end{matrix}\right\}$ /__ + ≠

阳去:31 → 22/__ + ≠

b. 后字变调

≠ [−U] → 31/44 + __

≠ [+U] → 21/44 + __

$\left\{\begin{matrix}52\\412\end{matrix}\right\}$ → 44/22 + __

$\left\{\begin{matrix}24\\31\end{matrix}\right\}$ → 33/22 + __

23 → 3/22 + __

≠ [−U] → 35/41 + __

≠ [+U] → 24/4 + __

412 → 31/52 + __

31 → 21/52 + __

412 → 31/41 + __

31 → 21/41 + __

44 → 35/4 + __

31 → 412/4 + __

4 → 3/4 + __

≠ [−U] → 31/$\underline{23}$ + __

≠ [+U] → 21/$\underline{23}$ + __

B. 多音节变调

多音节“发音时第一二音节基本上按双音节变调规律变调，第三音节起则一律变成一个降调型的轻声”。（袁家骅

1989,68)这个轻声“音量很弱”,可以标为2。例如:

冬瓜汤 $toŋ^{44}ko^{44}_{31}t^{h}ɒŋ^{44}_{2}$

秋海棠 $ts^{h}ɤ^{44}hE^{52}_{31}dɒŋ^{44}_{2}$

苏州方言声调的复杂性还远不止于此。“同一个字组可以跨读两种甚至三种连调式;单字调排列相同,甚至构词关系和语法关系也都相同的字组,其连调式却漂移不定。例如,并列式复合词‘制造’[tsɥzæ]、‘锻炼’[tøliɪ]、‘破坏’[phuɦuɒ],前字单字调同为阴去512,后字单字调同为阳去231,‘制造’的连调式为52+23,‘锻炼’跨读52+23和52+21两种连调式,‘破坏’则跨读52+23、44+21、52+21三种连调式。”⑯

我们这里无意详细描写苏州话的声调和连读变调的一切细节,只是想从上述介绍中,给读者一个吴语声调的印象。总的来讲,苏州话的声调系统保留了古平上去入几乎每个声调的阴阳分类,连读变调极其复杂。

(二)永康方言声调

永康话属于南部吴语,但是主要的语音特点跟属于北部吴语的苏州话一致,一是保留浊辅音声母,因此有阴阳声调的分别;二是连读变调复杂。下面简单介绍一下。

永康方言的声调系统:

表3—11

调类	阴平	阳平	阴上	阳上	阴去	阳去
调值	44	22	35	13	52	241
例字	金诗	琴时	紧急	近及	敬试	劲事

这个系统看起来很整齐：古平、上、去声，各一分为二。清声母字读阴调，浊辅音声母字和次浊声母字读阳调。没有入声调。古入声字分阴阳两部分，分别加入阴上、阳上。但是，古入声字的分派并不彻底，还有一部分古入声字归入了阴去、阳去。

永康话的连读变调跟苏州话一样，都会受到阴阳调的影响，同时还受到古声调类别的制约。所以，我们在描述其连读变调时，除了使用调值，还使用调类的概念。

A. 双音节变调

前字变调：

$$22 \rightarrow 11/\_\_ + \begin{Bmatrix}22\\52\end{Bmatrix}$$

$$\begin{Bmatrix}44\\52\\35\end{Bmatrix} \rightarrow 33/\_\_ + \neq$$

$$\begin{Bmatrix}241\\35\\13\end{Bmatrix} \rightarrow 11/\_\_ + \neq$$

$$13 \rightarrow 22/\_\_ + \neq$$

后字变调：

阳平：$22 \rightarrow 422/ \begin{Bmatrix}11\\44\end{Bmatrix} + \_\_$

阳去：$241 \rightarrow 52/ \begin{Bmatrix}11\\44\end{Bmatrix} + \_\_$

B. 三字组连读变调

“永康话多音节词重音在后，所以三字连读时第三字一般不变调。但是第二字如果是阴阳平，第三字为阳平阳去时要变为 422 或 52，与二字变调规律相同。第一字和第二字的变调基本上服从二字变调规律。”（袁家骅 1989，84）

永康话还有四字组的连读变调和小称变调。

（三）吴语声调的特点

吴语的声调基本上是按照古四声，各自一分为二的结果。个别的出入，只是局部的分合。所以，吴语可以说是一个具有 8 调的方言。

吴语声调与官话方言声调有显著不同，其特点大致如下：第一，各声调均分阴阳，虽然各次方言声调分阴阳的情况有增减，但是整体来看，大致格局是四声各分阴阳。第二，声调数目一般在七到八个左右。第三，变调丰富，所以很多字在句中失去本调，致使本调难以把握。第四，各地差异大。第五，多数地区有入声。即便有的地区入声已经不是短调，但是仍然保持独立的类别，如温州话。个别地区没有入声，如永康。

根据如上特点，吴语区人学习普通话应该注意的声调问题有：第一，注意抓主要对应。尽管吴语声调跟普通话声调数量上差别很大，但是主要部分都是可以对应起来的。首先是吴语的阴平、阳平跟普通话是对应的，吴语阴上跟普通话的上声对应，普通话的去声则对应于吴语的阳上＋阳去＋阴去。这些是主体部分，比较容易掌握。第二，吴语的入声是独立的，入声里的字则分别对应于普通话的阴阳上去四声，哪些字归入哪个声调，需要分析一下：首先，吴语是有浊声母的，凡是浊声母的入声字，一般都对应于普通话的阳平；m-、n-、r-、l-声母字，和一部分零声母入声字（就是古代的喻母、疑母入声字),对应于普通话的去声;其他声母的字则要记忆。第三,吴语变调太复杂,各地声调差异很大,所以吴语区的人要先对自己方言的本调系统有所了解。

3.3.2 徽语声调[17]

徽语的声调跟客家话很接近,通常为六调(见侯精一2002,96—97)。一般平声、去声各分阴阳,上、入或分或不分阴阳。下面我们略述两个方言点作为参考。

(一)绩溪话声调

表 3—12

调类	阴平	阳平	上声	阴去	阳去	入声
调值	31	44	213	35	22	32
例字	天东	田和	口水	对去	面树	铁月

古浊辅音声母上声字不太稳定,部分归阳去,部分归上声,或者上声、阳去两读。

绩溪话的连读变调都是前字变调,其规律有:

阴平:31 → 33/__+ ♯

上声:213 → 31/__+ ♯

阴去、阳去:$\left\{\begin{matrix}35\\22\end{matrix}\right\}$ → 53/__+ ♯

这些变调都是只和字音本身情况有关的变调。(参见王福堂2005,202)而从变调调值来看,阴平的变调为中平调33,接近于阳平的调值高平调44;阴去和阳去的变调调值一样。这两个现象似乎可以说明,平声和去声的变调保留了早期调值的痕迹。

了：它们在古代是仄声，可是今天混到平声里去了，在讲究平仄的诗歌体裁里，就会对判断平仄造成麻烦。例如王之涣的《登鹳雀楼》和它的平仄格式如下：

白日依山尽，　仄仄平平仄

黄河入海流。　平平仄仄平

欲穷千里目，　㊣平平仄仄

更上一层楼。　仄仄仄平平

这里面"白""日""入""欲""目""一"都是入声字。其中，"日""目""入"，今天都是去声，还属于仄声字，用于按格律应该仄声的位置，所以对判断平仄没有影响。但是"白"今天是阳平、"一"今天是阴平，都容易被认为是平声，如果不了解古今的差异，就会影响对平仄的判断。"欲"今天是去声，用于按格律可平可仄的位置，也容易被忽视。所以，虽然现在的北京话里没有了入声字，但是出于某种需要，了解一下古入声字还是必要的。

平仄是格律诗最重要的要求。平仄的要求看起来复杂，但只要掌握了要领，其实也很简单。其基本要求就是：一句之中，平仄相间；一联之内，平仄相对（相反）；两联之间，平仄相粘（相同。按，相粘不是简单的相同，是上联对句第二字与下联出句第二字相同，而相邻的两联的平仄结构是不能相同的）。这些，从其基本句式上就可以看出来。

五言诗的基本句式是：

（甲）仄仄—平平—仄　　（乙）平平—仄仄—平

（丙）平平—平—仄仄　　（丁）仄仄—仄—平平

相应的，七言诗的基本句式只是在五言诗的前面加上两个字：

(甲)平平—仄仄—平平—仄　(乙)仄仄—平平—仄仄—平

(丙)仄仄—平平—平—仄仄　(丁)平平—仄仄—仄—平平

格律诗都是用以上句式，按照上述基本要求构成的。例如，王维《山居秋暝》：

山居秋暝

王维

空山新雨后，天气晚来秋。

明月松间照，清泉石上流。

竹喧归浣女，莲动下渔舟。

随意春芳歇，王孙自可留。

这首诗的平仄格式是：

(丙)平平—平—仄仄　(丁)仄仄—仄—平平

(甲)仄仄—平平—仄　(乙)平平—仄仄—平

(丙)平平—平—仄仄　(丁)仄仄—仄—平平

(甲)仄仄—平平—仄　(乙)平平—仄仄—平

首二句之间，就是首联之内，(丙)和(丁)句式之间，平仄正好完全相反(相对)。以下各联之间也是这样。这就是“对”。两联之间挨着的两句，比如首联的下句(丁)句式和颔联的上句(甲)句式之间，第二字平仄相同，这就是“粘”。

从这首诗与格式的对比上，我们可以看到，并不是每个字都符合平仄的要求。比如第二句“天气晚来秋”对应的是“(丁)仄仄—仄—平平”，但其中的“天”的位置应是仄声，却用了平声。那么，这首诗还算不算格律诗呢？实际上格律诗并不要求每个字都符合平仄，而是有宽有严。简单说，就是“一、

三、五不论，二、四、六分明”。这是对七言诗而言的——第七个字，就是最后一个字有押韵方面的要求，当然是韵脚字要平声，不入韵的要仄声。其余的六个字，第一、三、五字，其平仄可以自由；而第二、四、六字一定要平仄分明。对于五言诗来说，就是把前两个字去掉，因此，也可以说是“一、三不论，二、四分明。”“欲穷千里目”句对应于“平平平仄仄”的句式，在该用平声的位置用了仄声“欲”，但这个位置可平可仄，所以，不妨碍格律。

但是，这个口诀只是个简单的说法，有时一、三、五字也不得不论。第一个不得不论的例外是“三平调”，是指五言诗“（丁）仄仄—仄—平平”中的第三个字，或者七言诗“（丁）平平—仄仄—仄—平平”句式中第五个字，其平仄不能不论，而必须是仄声。如果变成了平声，就出现了一句末尾有三个平声字相连的情况，这就不符合律诗抑扬顿挫的要求了，叫做“三平调”，是古体诗特有的句式，却是律诗中的大忌。

第二个例外是“犯孤平”，是指五言诗“（乙）平平—仄仄—平”句式中的首字，或者七言诗“（乙）仄仄—平平—仄仄—平”句式中的第三字，其平仄不能不论，而必须是平声。因为，如果这个字变了仄声，就使得整个句子里，除了韵脚字之外只有一个平声字，其余全部是仄声，这也是格律诗的大忌。

“三平调”和“孤平”都不符合格律要求，叫做“拗”。出现了“拗”句，可以采取补救办法，叫做“救”。例如，如果乙种句出现了“孤平”，就把平声字后边的那个仄声字变成平声，这样使两个平声又相连起来，音韵又和谐了。如苏轼《新城道中》：“溪柳自摇沙水清。”“自”字拗，“沙”字救。拗句被救以后，仍然是好的律句。

另一方面，有时二、四、六也不必分明。第一个可以改变平仄的是七言诗的“（甲）平平—仄仄—平平—仄”句式中的第六字，或者五言诗“（甲）仄仄—平平—仄”句式的第四字，可以由平声改为仄声，但这也是“拗”。“救”的办法是改变对句的第五字的平仄。例如，杜牧《江南春》：“南朝四百八十寺，多少楼台烟雨中。”“十”是入声字，仄声；用“烟”来救。白居易：“野火烧不尽，春风吹又生。”“吹”救“不”。此外，甲种句的第五字拗，也可以用对句的第五字救。

第二个可以改变平仄的是七言诗“（丙）仄仄—平平—平—仄仄”句式中的第五字，或者五言诗“（丙）平平—平—仄仄”的第三字，应该用平声，如果用了仄声，就是“拗”；但可以把第六字由仄声改为平声，就是“救”。如王勃名句：“无为在歧路。”“在”字拗，“歧”字救。

（二）词的平仄

词的句子中的字数从一字，到十一字不等，各种字数不同的句子的平仄要求也不一样。词的句子都脱胎于格律诗，尤其是五言、七言的句子，一般都是律句。其余的句子则可以看做是截取律诗句子的部分，或者是律诗句子的组合。比如：

一字句——只有十六字令的第一句是一字句。

一字豆——豆，就是停顿。但是，豆的停顿很短暂，不需要加标点符号断句，只是节奏上要跟后边的部分隔开。例如：“望长城内外”中的“望”，要跟后边四个字分开看平仄。

二字句——一般是平仄、平平格式，而且一般是叠句，如：“归去、归去”，“山下，山下”，“知否，知否”，“销魂”，“年年”。

三字句——是律诗句子的后三字，共有四种格式：平平仄、平仄仄、仄平平、仄仄平。例如，“空悲切”的格式是平平仄，“臣子恨”是平仄仄，“照无眠”的格式是仄平平，“莫等闲”的格式是仄仄平。

四字句——用律诗句子的前四个字，其格式有：(仄)仄平平、(平)平(仄)仄。加圈的地方是可平可仄的。例如“怒发冲冠”是仄仄平平，“乱石穿空，惊涛拍岸”格式是仄仄平平、平平仄仄。

六字句——是在四字句基础上，前面加上两个平仄不同的字即可。也就是：(平)平(仄)仄平平、(仄)仄(平)平(仄)仄。“我欲乘风归去，惟恐琼楼玉宇”的格式都是(仄)仄(平)平(仄)仄，“清风半夜鸣蝉”的格式是(平)平(仄)仄平平。

八字句——一般是三字加五字。即前面三个字用三字格式，后面五个字用五言诗的格式。例如：“莫等闲、白了少年头”的格式是仄仄平、仄仄仄平平。

九字句——一般是上三、下六，或上六、下三，或上四、下五。其中至少下六字，或下五字应该是律句。比如：“浪淘尽、千古风流人物”的格式是平平仄、(仄)仄(平)平(仄)仄。

十一字句——十一字句往往是上四下七，或上六下五。下五字往往是律句。如：“不应有恨、何事长向别时圆”“不知天上宫阙、今夕是何年”。

词律还有两个特别的问题：一个是特种律句，一个是拗句。

所谓特种律句，就是指仄脚四字句的第三字、仄脚六字句的第五字，必须是平声字。

㊢平㊡仄——㊡平平仄　　　　——第三字必平

㊡仄㊢平㊡仄——㊡仄仄平平仄　——第五字必平

依照词谱，该用特种律句的地方，一般要用特种句。例如，《忆秦娥》前后阕末句和倒数第二句"西风残照，汉家陵阙"、《如梦令》的六字句"浓睡不消残酒"等。

拗句——即六字句的㊡仄㊢平㊡仄，第三字如果变成仄声字，则犯孤平，需要第五字变成平声来救。这种拗句在律诗中只是可用可不用，但在词律中，有的词谱要求某句一定用拗句。比如《念奴娇》前后阕末句——"一时多少豪杰"、"一樽还酹江月"。《水调歌头》前阕第三句上六字（"不知天上宫阙"）、后阕第四句上六字（"一桥飞架南北"）。

6.4 对外汉语声调教学

（一）声调的基本训练

声调教学涉及的领域很多，一是中小学语文课教学，二是方言区普通话正音，三是少数民族地区汉语教学，四是对外汉语教学。前两个是母语教学，后两个是第二语言教学。这里注重谈最后一个。

不管是哪种教学，对声调的基本训练都是必要的。徐世荣（1958）认为，要先了解汉语声调的基本知识，"明白了这个道理之后，就要作一系列的基本练习。练耳朵，听音，分辨高低、升降；练声带，发音，控制松紧变化；练眼、耳、口的结合，把听的声调和形象联系起来，用形象帮助练习操纵声带。"（徐世荣 1958，13）按照他的方法，先练习平调 11、33、55，然后细化，练习 11、22、33、44、55。第二步练习升调，15、35、45、13、24，还可以有 14、25、23 等。第三步练习降调，51、31、21、42、54，还可以细化。第四步是曲折调，214、212、242。这样练习下来，对声调的高低升降有了感知，就可以进行具体的声调教学了。

（二）声调的呈现

怎样把现代汉语的“四声”以最明晰的方式教给外国人比较好呢？教师一般都习惯性地按照拼音方案，顺序介绍阴阳上去四个声调的调值，然后模仿训练。如果要强调声调之间的区别性，可以把四声分为两组：阴平、上声为一组，阳平、去声为一组。阴平是高平调，上声是曲折调；但是上声多数情况下是在句中使用，都是低降调 21，所以很接近低平调。这样，阴平、上声就形成了高平、低平的调形相近条件下的对比。阳平、去声分别是升调和降调，虽然阳平是中升，去声是全降调，但是两个声调的调形大体相反。把这两个声调放在一起来介绍，学生可以在比较中感受升降的关系，从而牢固掌握每个声调的特征。按照这个思路，把四声的调形组合起来看，发现是一个梯形。所以，这种声调教学法可以称之为梯形教学法。（如图）

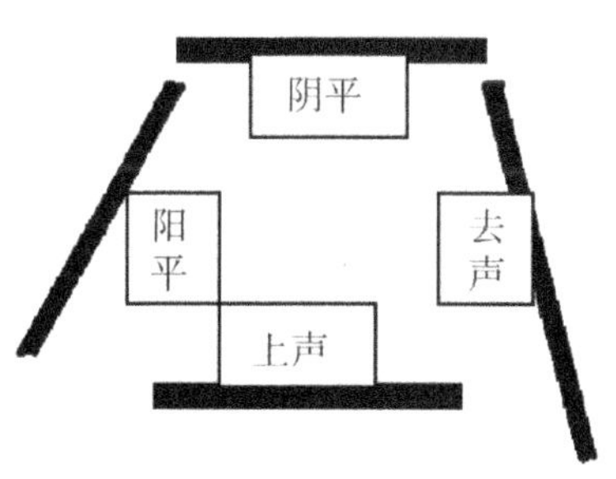

林焘(1979/1996)最早提出了这种方法。他说:“如果[21]比[214]容易学又更常见,为什么不先学[21],然后学[214]呢?”⑭“如果按照区别特征理论把普通话阴平的特征定为高,阳平定为升,上声定为低,去声定为降,在声调教学中就可以只用四个特征分辨四个调类,首先分辨阴平的高和上声的低,确定了调域,然后先易后难,先学去声的降,后学阳平的升,这样就可以把普通话的四个调类分辨清楚。上声曲折调[214]向来是学习声调的难点,改为只用低特征来表现,自然容易学一些,实际上[214]只处于语音停顿之前,出现的次数比处在话语中间的[211]少得多,[211]正充分反映上声低的特征。掌握住低特征,就能够相当准确地读出上声最常见的调值,再学停顿之前的[214]就可能不再那样困难了。”⑮王安红(2006)提出了“声调特征教学”的概念,也是依据这个原理。⑯

(三)连读变调教学

连读变调在多数情况下都是出于使语流更自然的选择。北京话的变调基本上是这一类变调。也就是说,如果不变调,说起来会不自然。问题就在于,一个外国人怎么能够感觉到北京人的“自然”。有经验的老师会设计一些四声组合而成的词组,例如“京城雨后”“江南小弟”“忽然想到”。这是个好办法,尤其是已知这些词组发音的北京人学习声调知识时,会很有用,但是对于完全没有语感的外国人来说,需要多次模仿。

其实外国人学说中国话,一开始就会有语流音变。我发现德国学生在读两个去声的组合时,往往把第一个去声读成阴平,而其他声调没有类似变化。这说明,在他们的语音感觉中，两个下降的调碰在一起，下降两次不自然，第一个调要改变成高平调就自然了。在其他声调语言母语者学习汉语的声调偏误中，也有特殊的变调现象，如尼日尔学生发“时间”的变调为 24、42，“操场”变调为 22、45，“展览”变调为 34、34。[17]这些变调虽然怪哉，但是在尼日尔学生来看，是自然的。

连读变调的教学关键还是要以词和词组为单位进行经常性练习，在接受词语教学的时候，不仅强调声、韵母的重要性，也强调声调的重要性，使学生把一个词作为一个声调单位，整体输入、整体输出。就是说，在词语教学时要提醒学生注意变调。同样道理，在语法教学中也要提醒学生变调，因为有时不同的变调型式可能提示不同的意义。

总之，声调教学就是想办法能够使学生把语音的高低升降跟意义联系起来，能够达成这个目标，就是好方法。

附　注

① 王力《汉语史稿》，中华书局，1980 年，第 211 页。

② 孙玉文《汉语变调构词研究》（增订本），商务印书馆，2007 年，第 371 页。

③ 周祖谟《四声别义释例》，载《问学集》（上），中华书局，1966 年，第 83 页。

④ 梅祖麟《四声别义中的时间层次》，载《中国语文》1980 年第 6 期。

⑤ 唐作藩《破读音的处理问题》，原载《辞书研究》1979 年第 2 期，见唐作藩《汉语史学习与研究》，商务印书馆，2001 年，第 231—243 页。

⑥ 何九盈《中国古代语言学史》（新增订版），北京大学出版社，

2006 年。

⑦ 吴钊、刘东升编著《中国音乐史略》,人民音乐出版社,1993 年,第 18 页。

⑧ 杨耐思《释"务头"》,原载《语文研究》1983 年第 1 期,此据《近代音研究》,商务印书馆,1997 年,第 257—258 页。

⑨ 李渔《闲情偶寄》,浙江古籍出版社,1985 年,第 36 页。

⑩ 杨荫浏《语言音乐学初探》,载《语言与音乐》,人民音乐出版社,1983 年,第 1—96 页。

⑪ 孙从音《戏曲唱腔和语言的关系》,载《语言与音乐》,人民音乐出版社,1983 年,第 97—119 页。

⑫ 武俊达《谈京剧唱腔的旋律和字调》,载《语言与音乐》,人民音乐出版社,1983 年,第 120—144 页。

⑬ 张富岩《汉语歌词声调配曲技法处理研究》,《乐府新声》(沈阳音乐学院学报)1993 年第 1 期。

⑭ 林焘《语音教学和字音教学》,《语言教学与研究》(试刊)1979 年第 4 期。

⑮ 林焘《语音研究和对外汉语教学》,《世界汉语教学》1996 年第 3 期。

⑯ 王安红《汉语声调特征教学探讨》,《语言教学与研究》2006 年第 3 期。

⑰ 赵金铭《从一些声调语言的声调说到汉语声调》,载《语音研究与对外汉语教学》,北京语言文化大学出版社,1997 年,第 364 页。

参考文献

著作类

北大中文系语言学教研室　1989　《汉语方言字汇》,文字改革出版社。

蔡华祥　2011　《盐城方言研究》,中华书局。

戴庆厦　1998　《二十世纪的中国少数民族语言研究》,书海出版社。

戴庆厦　2006　《藏缅语族语言研究》(四),中央民族大学出版社。

丁邦新　1998　《丁邦新语言学论文集》,商务印书馆。

丁启阵　1991　《秦汉方言》,东方出版社。

董同龢　2001　《汉语音韵学》,中华书局。

高永安　2007　《明清皖南方音研究》,商务印书馆。

高玉娟　2007　《大连方言声调研究》,辽宁师范大学出版社。

耿振生　1992　《明清等韵学通论》,语文出版社。

郭锦桴　1993　《汉语声调语调阐要和探索》,北京语言学院出版社。

郭锡良　1997　《汉语史论集》,商务印书馆。

何九盈　2000　《汉字文化学》,辽宁人民出版社。

何九盈　2001　《上古音》,商务印书馆。

何九盈　2002　《音韵丛稿》,商务印书馆。

何九盈　2006a　《中国古代语言学史》(新增订本),北京大学出版社。

何九盈　2006b　《语言丛稿》,商务印书馆。

何九盈　2007　《汉语三论》,商务印书馆。

何九盈　2010　《古汉语音韵学述要》(修订本),中华书局。

侯精一　1985　《长治方言志》,语文出版社。

侯精一　1999　《现代晋语的研究》,商务印书馆。

侯精一主编　2002　《现代汉语方言概论》,上海教育出版社。
胡明扬　2002　《语言学习散论》,北京外国语大学出版社。
胡奇光　2005　《中国小学史》,上海人民出版社。
黄侃述、黄焯编　1983　《文字声韵训诂笔记》,上海古籍出版社。
江　荻　2002　《藏语语音史研究》,民族出版社。
蒋绍愚　2005　《近代汉语研究概况》,北京大学出版社。
金　鹏　1983　《藏语简志》,民族出版社。
金有景　2007　《普通话语音》,商务印书馆。
劲　松　2002　《现代汉语轻声动态研究》,民族出版社。
李　荣　1952　《切韵音系》,科学出版社。
李　荣　1982　《音韵存稿》,商务印书馆。
李方桂　1998　《上古音研究》,商务印书馆。
梁　敏　1980　《毛难语简志》,民族出版社。
林　焘　2000　《普通话和北京话》,语文出版社。
林　焘、王理嘉　1985　《北京语音实验录》,北京大学出版社。
林　焘、王理嘉　1992　《语音学教程》,北京大学出版社。
刘俐李　2004　《汉语声调论》,南京师范大学出版社。
刘勋宁　1998　《现代汉语研究》,北京语言文化大学出版社。
卢甲文　1992　《郑州方言志》,语文出版社。
罗常培　1956a　《汉语音韵学导论》,中华书局。
罗常培　1956b　《厦门音系》,科学出版社。
罗常培、周祖谟　1958　《汉魏晋南北朝韵部演变研究》(第一分册),科学出版社。
罗常培　1999　《临川音系》,《罗常培文集》第一集,山东教育出版社。
罗常培　2004　《罗常培语言学论文集》,商务印书馆。
罗常培　2012　《唐五代西北方音》,商务印书馆。
罗常培、王均　2002　《普通语音学纲要》(修订本),商务印书馆。

宁忌浮　2010　《宁忌浮文集》，吉林人民出版社。

平山久雄　2005　《平山久雄语言学论文集》，商务印书馆。

平田昌司　1998　《徽州方言研究》，[日本]好文出版社。

蒲立本(Pulleyblank)　1999　《上古汉语的辅音系统》，潘悟云、徐文堪译，中华书局。

钱曾怡　2001　《山东方言研究》，齐鲁书社。

裘锡圭　1988　《文字学概要》，商务印书馆。

瞿霭堂、劲松　2000　《汉藏语言研究的理论和方法》，中国藏学出版社。

邵荣芬　2008　《切韵研究》(校订本)，中华书局。

石　锋、廖荣蓉　1994　《语音丛稿》，北京语言学院出版社。

石　林　1997　《侗台语比较研究》，天津古籍出版社。

孙玉文　2007　《汉语变调构词研究》(增订本)，商务印书馆。

唐作藩　2001　《汉语史学习与研究》，商务印书馆。

王福堂　2005　《汉语方言语音的演变和层次》(修订本)，语文出版社。

王国维　1997　《观堂集林》，见于《王国维文集》(四)，中国文史出版社。

王洪君　1999　《汉语非线性音系学——汉语的音系格局与单字音》，北京大学出版社。

王建喜　2003　《明代中原官话语音研究》，北京大学博士论文。

王理嘉主编　2003　《二十世纪现代汉语语音论著索引和指要》，商务印书馆。

王　力　1958　《汉语诗律学》，新知识出版社。

王　力　1980　《汉语史稿》，中华书局。

王　力　2000　《王力语言学论文集》，商务印书馆。

王　力　2008　《汉语语音史》，商务印书馆。

王士元　2002　《王士元语言学论文集》，商务印书馆。

魏建功　2012　《魏建功语言学论文集》,商务印书馆。
吴　钊、刘东升　1993　《中国音乐史略》,人民音乐出版社。
吴宗济　2004　《吴宗济语言学论文集》,商务印书馆。
吴宗济、林茂灿　1989　《实验语音学概要》,高等教育出版社。
向日征　1999　《吉卫苗语研究》,四川民族出版社。
项梦冰　1997　《连城客家话语法研究》,语文出版社。
徐世荣　1980　《普通话语音知识》,文字改革出版社。
薛才德　2000　《汉藏语同源字研究》,上海大学出版社。
杨剑桥　1996　《汉语现代音韵学》,复旦大学出版社。
杨耐思　1997　《近代音研究》,商务印书馆。
殷焕先　1984　《字调和语调》,上海教育出版社。
俞　敏　1999　《俞敏语言学论文集》,商务印书馆。
袁家骅　1989　《汉语方言概要》,文字改革出版社。
赵　彤　2006　《战国楚方言音系》,中国戏剧出版社。
赵元任　1979　《汉语口语语法》,商务印书馆。
赵元任　2002a　《中国话的文法》,见《赵元任全集》第一卷,商务印书馆。
赵元任　2002b　《赵元任语言学论文集》,商务印书馆。
中央民族学院少数民族语言研究所　1987　《中国少数民族语言》,四川民族出版社。
周同春　1990　《汉语语音学》,北京师范大学出版社。
周祖谟　1966/2004　《问学集》(上、下册),中华书局。
朱晓农　2005　《上海声调实验录》,上海教育出版社。

论文

奥德里古尔(A.G.Haudricourt)　1977　*Comment reconstraire le chinois archaique*, *word* 10, 351—364,马学进(Robert Matthews)译,

《怎样拟测上古汉语》，载《中国语言学论集》，(台北)幼狮文化事业公司。

奥德里古尔(A. G. Haudricourt) 2006 *De I' origine des tons en vieætnamien*, *Journal Asiatique* 242, pp.68—82. 见冯蒸译《越南语声调的起源》，《冯蒸音韵论集》，学苑出版社，第614—624页。

高永安 2005 《宣城方言声调的早期形式》，《中州大学学报》第1期。

高永安 2009 《明末徽州学者程元初的古音分部》，载(台北)辅仁大学中国文学系编印《先秦两汉学术》第12期。

高永安 2010 《驻马店方言的变调和古入声的分派》，《燕赵学术》春之卷。

何九盈 2004 《汉语和亲属语言比较研究的基本原则》，《语言学论丛》第29辑，商务印书馆。

金有景 1982 《上古韵部新探》，《中国社会科学》第5期。

金有景 2002 《关于远古语言语音面貌的若干设想——兼怀王力先生对我古音研究的支持和鼓励》，《古汉语研究》第2期。

李 超 2008 《从古乐谱探析汉语声调的理论与方法》，《艺术百家》第5期。

李 香 2003 《关于"去声源于-s尾"的若干证据的商榷》，《语言学论丛》第28辑，商务印书馆。

李小凡 2004 《汉语方言连读变调的层级和类型》，《方言》第1期。

林 华 1998 《"调素论"与普通话连读变调》，《中国语文》第1期。

林茂灿 1995 《北京话声调分布的知觉研究》，《声学学报》第6期。

林 焘 1979 《语音教学和字音教学》，《语言教学与研究》(试刊)第4期。

林 焘 1996 《语音研究和对外汉语教学》，《世界汉语教学》第3期。

鲁国尧 2012 《一个语言学人的"观战"与"臆说"——关于中国古人类学家基于分子生物学的"出自非洲说"的诘难》，《古汉语研究》第4

期。
雒　鹏　1999　《一种只有两个声调的汉语方言》,《西北师范大学学报》第6期。
梅祖麟　1980　《四声别义中的时间层次》,《中国语文》第6期。
蒙朝吉　1983　《瑶族布努语1'至4'的形成和发展》,《民族语文》第2期。
平山久雄　2002　《安然〈悉昙藏〉里关于唐代声调的记载——调值问题》,《纪念王力先生百年诞辰学术论文集》,商务印书馆。
桥本万太郎　1991　《古代汉语声调调值构拟的尝试及其涵义》,《语言学论丛》第16辑,商务印书馆。
瞿霭堂　1985　《汉藏语言调值研究的价值和方法》,《民族语文》第6期。
瞿霭堂　1993　《论汉藏语言的声调》,《民族语文》第6期。
瞿霭堂　2002　《声调起源问题的论证方法》,《民族语文》第3期。
孙从音　1983　《戏曲唱腔和语言的关系》,载《语言与音乐》,人民音乐出版社。
唐作藩　2006　《上古汉语有五声说》,《语言学论丛》第33辑,商务印书馆。
王安红　2006　《汉语声调特征教学探讨》,《语言教学与研究》第3期。
王福堂　1959　《绍兴话记音》,载《语言学论丛》第3辑。
吴安其　2001　《上古汉语的韵尾和声调的起源》,《民族语文》第2期。
武俊达　1983　《谈京剧唱腔的旋律和字调》,载《语言与音乐》,人民音乐出版社。
谢自立　1982　《苏州方言的两字连读变调》,《方言》第4期。
徐通锵　1998　《声母语音特征的变化和声调的起源》,《民族语文》第1期。
闫小斌　2010　《汉语北方话上声连读变调研究》,《内蒙古农业大学学报》(社会科学版)第3期。
杨荫浏 1983 《语言音乐学初探》,载《语言与音乐》,人民音乐出版社。
叶桂桐 1987 《用古乐谱拟测古汉语调值论证》,《山东师大学报》(社会科学版)第2期。
袁家骅 1981 《汉藏语声调的起源和演变》,《语文研究》第2期。
张富岩 1993 《汉语歌词声调配曲技法处理研究》,《乐府新声(沈阳音乐学院学报)》第1期。
张均如 1992 《侗台语族声调的发生和发展》,见《中国民族语言新探》,四川民族出版社。
张文轩、邓文靖 2010 《二声调方言红古话的语音特点》,《语言研究》第4期。
张 雁 2003 《上、去二声源于韵尾说不可信》,《语言学论丛》第28辑,商务印书馆。
张玉来 2010 《〈中原音韵〉时代汉语声调的调类与调值》,《古汉语研究》第2期
赵金铭 1997 《从一些声调语言的声调说到汉语声调》,载《语音研究与对外汉语教学》,北京语言文化大学出版社,第360—378页。
郑诗亮 2012 《徐文堪谈语言起源与古代语文》,《东方早报》3月18日。
郑张尚芳 1994 《汉语声调平仄之分与上声去声的起源》,《语言研究》增刊。
Atkinson and Gray 2003 *Language-tree divergence times support the Anatolian theory of Indo-European origin*, *Nature*, 426: 435—439.
Atkinson, Gray, and Drummond 2009 *Bayesian coalescent inference of major human mtDNA haplogroup expansions in Africa*. *Proc*.

Roy. Soc. Lon. B. 276：367—373.

Atkinson，Q. D.　2011　*Phonemic diversity supports a serial founder effect model of language expansion from Africa. Science*，332：346—349.

Augusttts Conrady(孔好古)　1896　*Eine Indochinesische Causativ - Denominativ Bildung und ihre Zusammensetzung mit den Ton -Accenten*.《汉藏语使役名词结构及其和声调的组合》,莱比锡。

后　记

我对声调发生兴趣由来已久，特别是对古调值的构拟，对我来说简直是一个磁石，虽然至今没有什么突破，但是从来没有停止思考过。所以，当《声调》的选题提议得到商务印书馆金欣欣编审支持的时候，我简直是喜出望外。但是，当真正要说服商务出版这本书的时候，我又习惯性地向业师何九盈先生求助。结果，先生表态：大力支持，但是相信我自己也能完成这项任务。得到这个支持，我诚惶诚恐，因为我从来没有独立行动过。过了几个月，在一次跟先生的联系中，先生主动问到书的进展。我说，还没开始。先生哈哈大笑。因为先生早就料到了：资料太多，下笔最难。先生鼓励我先把想到的写下来，以后多修改。于是，这本书是在战战兢兢中开头的。

初稿写成后，呈何先生过目。先生当时正在做《辞源》的审稿工作，任务很紧，量又很大。但是，他还是找到了一个间隙，仔细地看完了全稿。他告诉我，稿中的问题是：资料太杂，自己由于陷入资料之中，致使有时观点前后不统一；对一些问题的论述不够精确。第二稿之后，先生又详细披阅，建议将术语和基础知识部分合为一章。基础知识部分原来过多地讲到连读变调，为避免重复，遵嘱删去了。这样，凡三易其稿，每次修改，从何先生那里得到最多的还是鼓励，这是我能够完成此书的动力。谨向何先生表示由衷的感谢！

感谢金欣欣编审！《声调》这个题目是我提出来的，没想到金兄很支持。但是要到馆里申请出版，还得他去申报选题，我只能提供自己的部分。事实证明，金兄很给力！商务印书馆同仁们很给力！感谢他们！

我有幸拜在何九盈先生门下，但是何先生的雄辩文风却怎么也学不到。后来得知，何先生的文风是追慕梁启超先生。本书也有意致敬梁任公《清代学术概论》的一个原则：书中涉及的学者，很多是前辈，都是我非常敬佩的，但是为了叙述的公允，一概省去“先生”之类的称呼，敬请谅解！

高永安

2014 年 4 月 25 日于苏州独墅湖畔